VEGAN AUS DEM OFEN

VEGAN AUS DEM OFEN

Katy Beskow

Fotos von Luke Albert

Ins Deutsche übertragen von Dr. Katrin Korch

ARS VIVENDI

Einführung

Für die Zubereitung des Abendessens verbringe ich am liebsten so wenig Zeit in der Küche wie möglich. Wie wir alle habe ich nach einem anstrengenden Tag Besseres zu tun. Das bedeutet nicht, auf Geschmack, gute Nährwerte oder Qualität verzichten zu müssen, sondern schlichtweg, mit möglichst geringem Aufwand zu kochen. Ein großer Berg an Töpfen und Pfannen, die gespült werden müssen, geht gar nicht!

Vegan aus dem Ofen enthält 70 Rezepte, die in nur einer einzigen Form zubereitet werden. Verabschiedet euch von einem Herd voller Töpfe, das Kochen wird nun viel einfacher: Alles, was ihr braucht, sind eine ofenfeste Form und ein paar wenige Hilfsmittel für die Vorbereitung.

Anstatt rührend, bratend oder wendend am Herd zu stehen, schiebt ihr die Zutaten einfach in den Ofen, stellt die Uhr und lehnt euch dann entspannt zurück. Die Zubereitung im Backofen ist nicht nur kinderleicht, sondern verleiht den Speisen wunderbare Röstaromen, die sich beim Kochen auf dem Herd so nicht entfalten.

Veganes Kochen wird oft für kompliziert gehalten, angefangen mit der Beschaffung der Zutaten bis hin zur Zubereitung, damit daraus etwas Köstliches wird. Aber ich bin fest davon überzeugt, dass veganes Kochen einfach, schnell und simpel ist. Vegane Zutaten gibt es heute in fast jedem Supermarkt, darunter auch hochwertige Alternativen zu beliebten herkömmlichen Zutaten. So sehr ich eigentlich dafür bin, alles selbst herzustellen, kann es doch nicht schaden, einige fertige Zutaten zu verwenden, damit das Kochen so mühelos wie möglich wird.

Die Rezepte in diesem Buch sind in vier Kapitel unterteilt:

Leichte Mahlzeiten – Gerichte für ein Mittagessen oder leichtes Abendessen.

Hauptmahlzeiten – Köstliche, herzhafte One-Pot-Alltagsgerichte für die ganze Familie.

Extras – Leicht zubereitete Beilagen und Snacks.

Süßes – Einfaches und köstliches Gebäck, Desserts und Ideen fürs Frühstück.

Damit das Kochen noch einfacher wird, habe ich jedem Rezept einen Tipp hinzugefügt und erwähnt, ob es sich zum Einfrieren eignet. So könnt ihr die Mahlzeiten im Voraus zubereiten oder Reste einfrieren, damit nichts weggeworfen werden muss.

Bei allen Kochbüchern, die ich schreibe, verfolge ich immer das Ziel, die Zeit in der Küche kurz zu halten, den Kochprozess zu vereinfachen und zu beweisen, dass vegan zu kochen leicht ist. Ich hoffe, dass euch dieses Buch hilft, mit gelingsicheren Gerichten für die ganze Familie, Vertrauen in die eigenen Kochkünste aufzubauen.

Egal, ob ihr vegane Kochprofis seid oder noch nicht, ab jetzt könnt ihr dem Ofen die Arbeit überlassen! Ich hoffe, ihr habt Spaß mit diesen Rezepten, so wie ich Spaß daran hatte, sie zu kreieren.

Liebe Grüße aus meiner in eure Küche, Katy.

Auswahl der Form

Egal, ob ihr eine Form aus Aluminium, Edelstahl, Keramik, Gusseisen oder Glas verwendet, alle diese Materialien leiten die Hitze effektiv weiter. Wichtig ist, dass die Zutaten darin gut verteilt werden, damit sie richtig gebacken und nicht nur gedämpft werden. Deshalb solltet ihr eine große Form wählen oder alternativ zwei kleine.

In **Auflaufformen** kann die Hitze gut zirkulieren. Sie sind besonders nützlich, wenn Flüssigkeiten (wie etwa Wein, Kokosmilch oder Tomatensauce) hinzugefügt werden, weil darin nichts überläuft. Wenn ihr keine Auflaufform habt, verwendet einen ofenfesten Schmortopf.

Backbleche oder Fettpfannen sind recht flach und eignen sich gut für die meisten Backwaren oder für kleinere Portionen von Lebensmitteln, denen keine Flüssigkeit hinzugefügt werden muss. Verteilt die Streusel für das Mandel-Kirsch-Crumble (siehe S. 144) auf einem Backblech, so werden sie knuspriger und gleichmäßig gebräunt.

Muffinformen und -bleche eignen sich nicht nur für Muffins! Verwendet sie für die Kleinen Spargel-Frittatas (siehe S. 45) oder die Veganen Fajita-Happen (siehe S. 44), so erhaltet ihr perfekt geformte, gleichmäßige Portionen.

Weitere Küchenutensilien

Für manche Rezepte in diesem Buch wird **Alufolie** verwendet, damit die Zutaten saftig und zart bleiben und nicht austrocknen. So garen sie gleichmäßig in der Form und es wird verhindert, dass einige verkochen, während andere noch nicht gar sind, vor allem wenn man die Folie lose auflegt.

Backpapier verhindert, dass die Zutaten am Boden haften. Es eignet sich für hohe Temperaturen im Ofen. Auch mit Silikonfolien bleibt das Gargut nicht in der Form kleben; sie können jedoch die Wärmeübertragung beeinträchtigen, sodass einige Speisen nicht gar werden.

Rührschüsseln werden verwendet, um feuchte oder trockene Zutaten miteinander zu verrühren und sicherzustellen, dass Gemüse, Hülsenfrüchte und andere Zutaten gleichmäßig mit Öl, Saft und Gewürzen vermischt werden, bevor sie auf das Blech oder in die Form gefüllt werden.

Ein **Mess- oder Rührbecher** wird benötigt, um Flüssigkeiten in eine Form zu gießen. Auch andere Zutaten kann man dann damit hinzufügen, so spart man sich zusätzlichen Abwasch!

Ein **Hochleistungsmixer** oder eine **Küchenmaschine** ist nützlich, um trockene Zutaten zu zerkleinern oder Saucen mit minimalem Aufwand herzustellen. Damit könnt ihr auch Reste in Gemüsebrühe pürieren und so daraus eine gehaltvolle Suppe für den nächsten Tag kreieren!

BEHANDELT EUREN OFEN GUT

1 Jeder Ofen ist anders, daher lohnt es sich herauszufinden, ob eurer etwas heißer oder kühler als der Durchschnitt ist. Habt ein Auge auf die Ofengerichte und befolgt natürlich auch die Temperaturangaben genau. Alle Rezepte in diesem Buch wurden auf der Umluftstufe getestet. Wenn ihr mit Ober-/Unterhitze arbeitet, solltet ihr als Faustregel die in diesem Buch angegebene Temperatur um 20 °C erhöhen.

2 Gebt nicht zu viele Gerichte und Formen auf einmal in den Ofen – am besten nehmt ihr Bleche und Formen, die ihr darin aufbewahrt, vorher heraus. So kann die Wärme effizient zirkulieren, es wird weniger Energie verbraucht und weniger Zeit benötigt. Außerdem werden die Speisen richtig gar.

3 Lasst die Ofentür immer geschlossen (es sei denn, dies ist im Rezept angegeben, wie normalerweise beim Wenden oder zum Hinzufügen anderer Zutaten), denn beim Blick durch die offene Tür sinkt die Temperatur drastisch, was bedeutet, dass das Essen länger zum Garen braucht und die Qualität beeinträchtigt werden kann – dies gilt insbesondere für Kuchen.

4 Heizt den Ofen immer auf die empfohlene Temperatur vor, damit das Gericht sofort zu garen beginnt, wenn ihr es hineingebt. Je nach Ofen kann das 5–15 Minuten dauern.

5 Haltet euren Ofen sauber, einschließlich der Ofentür, damit ihr gut sehen könnt wie das Essen gart. Wischt die Tür immer mit einem Tuch ab, wenn der Ofen nach dem Backen noch etwas warm ist. Wenn euer Ofen eine Grundreinigung benötigt, nehmt dafür einen der vielen veganen Ofenreiniger aus dem Handel.

Geeignete Zutaten

FRISCHES OBST UND GEMÜSE

Nehmt hochwertiges Obst und Gemüse, vor allem solches mit intensiver Farbe und Duft. Saisonale Lebensmittel sorgen für Abwechslung auf dem Speiseplan, neue Aromen und Inspiration für eine Bandbreite an unterschiedlichen Rezepten. Obst und Gemüse sind nicht nur gut für den Körper, sondern auch leicht vorzubereiten und zu kochen, vielseitig verwendbar und schonend fürs Portemonnaie, vor allem wenn sie während der Saison gegessen werden.

Wenn ihr Zitrusfrüchte wie Zitronen, Limetten und Orangen verwendet, kauft unbehandelte. Oft werden sie aus ästhetischen Gründen mit einer Wachsschicht versehen, damit sie stärker glänzen. Dieses Wachs kann Schellack oder andere tierische Zutaten enthalten, wodurch sie für Veganer nicht infrage kommen.

Da die in diesen Rezepten angeführten Obst- und Gemüsesorten im Ofen gebacken werden, können teilweise auch tiefgekühlte verwendet werden. Wo das möglich ist, ohne dass Einbußen bei Aroma oder Qualität entstehen, habe ich einen Hinweis gesetzt.

ÖL

Ich koche gerne mit Sonnenblumenöl, weil es neutral ist, einen hohen Rauchpunkt hat und preisgünstig ist. Es kann durch Pflanzen- oder normales Olivenöl ersetzt werden. Natives Olivenöl extra mit seinem grünen, fruchtigen Aroma sollte weniger zum Braten als für kalte Zubereitungen verwendet werden.

HÜLSENFRÜCHTE UND GETREIDE

Um zusätzliche Kochschritte, Zeit und Aufwand zu sparen, habe ich immer Hülsenfrüchte aus der Dose verwendet (außer bei roten Linsen, weil sie nicht vorgekocht werden müssen). Konserven können lange gelagert werden, enthalten außer Salz meist keine weiteren Konservierungsstoffe und sind einfach super, wenn es schnell gehen muss. Achtet darauf, die Hülsenfrüchte gründlich abtropfen zu lassen und abzuspülen, um den »Konservengeschmack« zu entfernen.

NÜSSE

Im Ofen geröstet, werden Nüsse knusprig und aromatisch und erhalten zusätzliche Textur. Ich verwende gerne Erdnüsse, Cashewkerne und Pistazien, weil sie sehr aromatisch sind, wenig Aufwand verursachen und viele Proteine enthalten.

PASTA

In Supermärkten gibt es viele Nudelsorten ohne Ei, aber man sollte die Zutatenliste immer vor dem Kauf überprüfen. Frische Pasta (im Kühlregal zu finden) enthält oft Eier und kommt daher für Veganer nicht infrage. Nudeln lassen sich prima im Vorratsregal lagern und eignen sich nicht nur für Nudelaufläufe, sondern auch für gehaltvolle Suppen und Eintöpfe.

REIS

Basmatireis verströmt beim Kochen einen angenehmen Duft, gart schnell und hat eine gleichmäßige Form. Dies sorgt dafür, dass er gut und einheitlich gart, wenn er im Ofen mit der entsprechenden Menge Flüssigkeit gedämpft wird.

KRÄUTER, GEWÜRZE UND GEWÜRZMISCHUNGEN

Besorgt euch neben euren getrockneten Lieblingskräutern und -gewürzen ein paar Gewürzmischungen – so spart ihr Platz im Gewürzregal, weil ihr nicht viele einzelne Zutaten vorrätig haben müsst. Dazu gehören etwa Kräutermischungen und Curry- sowie Harissapaste. Grundsätzlich kann man sich merken, dass Kräuter mit holzigen Zweigen wie Salbei, Rosmarin und Thymian getrocknet wunderbar schmecken, aber Blattkräuter wie glatte Petersilie, Basilikum und Koriander lieber frisch gekauft werden sollten.

VEGANER KÄSE, BUTTER, MILCH UND JOGHURT

Milchfreien Käse, Butter, Milch und Joghurt findet man jetzt auch in Supermärkten. Soja- und Hafermilch sind besonders vielseitig beim Kochen, sie schmecken neutral und haben eine cremige Konsistenz. Veganer Frischkäse ist eine ausgezeichnete Zutat zum Kochen, Bestreichen und Backen; es gibt inzwischen viele Sorten zum Ausprobieren. Einfacher Sojajoghurt oder dickcremiger Kokosjoghurt kann sowohl in herzhaften als auch in süßen Gerichten verwendet werden. Für die Rezepte in diesem Buch wird Vollfett-Kokosmilch aus der Dose verwendet.

ZUCKER

Bei Zucker bin ich sparsam. Ihr findet ihn in einigen der süßen Rezepte und in kleinen Mengen, um den Säuregehalt von Tomatengerichten zu reduzieren. Genießt ihn in Maßen!

MEERSALZ UND SCHWARZER PFEFFER

Bestreut eure Gerichte nach dem Kochen mit hochwertigen Meersalzflocken, damit sich das Aroma besonders gut entfalten kann. In Maßen verwendet, verfeinert Meersalz jedes Gericht und verstärkt die Röstaromen. Fügt nach Belieben noch frisch gemahlenen schwarzen Pfeffer hinzu.

Leichte Mahlzeiten

Gebackener Soja-Brokkoli mit Zuckerschoten & grünen Bohnen

an Chili, Sesam & Limette

225 g langstieliger Brokkoli (alternativ normaler Brokkoli), in Röschen zerteilt

1 Handvoll Zuckerschoten, geputzt

1 Handvoll grüne Bohnen, geputzt und grob geschnitten

1 TL Sonnenblumenöl

2 EL helle Sojasauce

1 Prise Chiliflocken

1 EL Sesamsamen

Abrieb von ½ unbehandelten Limette

REICHLICH FÜR 2 PERSONEN

Brokkoli nimmt beim Backen einen herzhaften, rauchigen Geschmack an und ist besonders lecker, wenn er mit Sojasauce, Chili und Sesam geröstet wird. Serviert ihn als warmen Salat mit Blattsalat und Koriander oder mit Kokosreis (siehe S. 121), wenn der Appetit größer ist.

Den Backofen auf 200 °C (Umluft) vorheizen.

Brokkoli, Zuckerschoten und grüne Bohnen in einer großen Schüssel vermischen. Sonnenblumenöl, Sojasauce und Chiliflocken sorgfältig unterrühren.

Das angemachte Gemüse in einer Bratreine verteilen und mit Sesamsamen bestreuen. 12–15 Minuten backen, bis das Gemüse weich ist und die Samen geröstet sind.

Aus dem Ofen nehmen und Limettenabrieb untermischen. Warm servieren.

TIPP:

Dieses Gericht eignet sich auch als Abendessen. Damit es etwas gehaltvoller wird, einfach mit gerösteten Cashewkernen bestreuen.

Warmer Pfirsich-Basilikum-Salat

REICHLICH FÜR 2 PERSONEN

2 Pfirsiche, entsteint und geviertelt

1 TL Sonnenblumenöl

2 EL Walnusskerne

60 g Rucola

1 Stange Staudensellerie, geputzt und fein gehackt

2 TL Balsamicoessig von guter Qualität

1 Handvoll kleine Basilikumblätter

Süße gebackene Pfirsiche, zitroniges Basilikum, pfeffrige Rucola, knackiger Sellerie und geröstete Walnüsse vereinen sich hier zu einem süßen, würzigen Salat. Er eignet sich besonders gut, um Pfirsiche zu verwerten, die schon länger im Obstkorb herumliegen.

Den Backofen auf 180 °C (Umluft) vorheizen.

Pfirsichviertel in eine Form legen und mit etwas Sonnenblumenöl bestreichen. 10 Minuten im Ofen backen, dann sorgfältig mit Walnusskernen bestreuen und noch weitere 5 Minuten backen.

Währenddessen Rucola, Sellerie und Balsamicoessig in einer Schale vermischen. Auf Teller verteilen oder in eine Servierschale füllen.

Die gebackenen Pfirsiche und Walnüsse aus dem Ofen nehmen und auf dem Rucolasalat anrichten. Mit Basilikumblättern bestreuen und warm servieren.

TIPP:

Je nach Jahreszeit die Pfirsiche durch andere weiche Früchte der Saison ersetzen, wie etwa durch Pflaumen, Erdbeeren oder Blutorangen. So erhält man das ganze Jahr über neue Varianten dieses Salats.

Linsen & Kichererbsen

mit Kräutern & Zitronenjoghurt

FÜR 2 PERSONEN

• ZUM EINFRIEREN GEEIGNET
  (OHNE JOGHURT)

400 g grüne Linsen (aus der Dose), abgetropft und abgespült

400 g Kichererbsen (aus der Dose), abgetropft und abgespült

2 EL Sonnenblumenöl

1 TL getrockneter Salbei

1 Handvoll Pistazienkerne, grob gehackt

Kerne von 1 Granatapfel

Meersalz und schwarzer Pfeffer aus der Mühle

1 kleine Handvoll glatte Petersilie, frisch geschnitten

Für den Zitronenjoghurt

4 gehäufte EL ungesüßter Natur-Sojajoghurt, gekühlt

Saft von ¼ Zitrone

1 Prise Meersalz

Dieses warme Gericht mit vielen Kräutern ist gehaltvoll, aromatisch und duftet herrlich. Serviert es als entspanntes Mittagessen warm in geröstetem Pitabrot oder nehmt es mit ein paar Salatblättern kalt als Lunchpaket oder Picknick mit.

Den Backofen auf 180 °C (Umluft) vorheizen.

Linsen, Kichererbsen, Öl, Salbei und Pistazienkerne in einer Schüssel vermischen. In einer Auflaufform verteilen und locker mit Alufolie abdecken.

15–20 Minuten backen, bis die Hülsenfrüchte heiß sind und duften. Granatapfelkerne unterrühren, alles großzügig mit Salz und Pfeffer würzen und Petersilie darüberstreuen.

Für den Zitronenjoghurt Joghurt, Zitronensaft und Meersalz in einer kleinen Schale verrühren. Kurz vor dem Servieren auf den Linsen und Kichererbsen verteilen.

TIPP:

Wenn ihr euch die undankbare Arbeit ersparen wollt, die Granatapfelkerne aus den Früchten zu lösen, könnt ihr auch schon ausgelöste kaufen, die es inzwischen in vielen Supermärkten gibt. So spart ihr Zeit und müsst nicht sauber machen!

Tacos mit gebackenem Blumenkohl

FÜR 4 PERSONEN

2 TL geräuchertes Paprikapulver

1 TL mildes Chilipulver

½ TL gemahlener Kreuzkümmel

1 Prise getrockneter Oregano

1 Prise Chiliflocken

3 EL Sonnenblumenöl

1 großer Blumenkohl, Blätter entfernt und in mundgerechte Röschen zerteilt

1 rote Paprikaschote, Kerngehäuse entfernt und in feine Streifen geschnitten

1 Avocado, geschält, entsteint und in dünne Scheiben geschnitten

1 Handvoll Koriandergrün, zerpflückt

1 gute Prise Meersalz

8 weiche Tortilla-Wraps oder harte Taco-Shells

Limettenspalten zum Servieren

Diese Tacos mit gebackenem Blumenkohl und Paprika sind mild gewürzt und werden mit frischer Avocado, Koriander und Limette serviert. Wenn ich sie zur Hand habe, serviere ich gerne eingelegte rosa Zwiebeln dazu (siehe rechts) und veganen Sauerrahm.

Den Backofen auf 180 °C (Umluft) vorheizen.

Paprikapulver, Chilipulver, gemahlenen Kreuzkümmel, Oregano und Chiliflocken in einer Schale vermischen. Das Sonnenblumenöl zugeben und alles zu einer Paste verrühren.

Blumenkohlröschen in eine Auflaufform geben und mit einem Backpinsel die Würzpaste großzügig darauf verstreichen. Paprikastreifen hinzufügen und alles 20–22 Minuten backen, bis die Paprikastreifen weich und die Blumenkohlröschen goldgelb und sanft geröstet sind.

Die Form aus dem Ofen nehmen und Avocadoscheiben auf das Gemüse legen. Mit Koriandergrün bestreuen und salzen.

Auf die ausgebreiteten Tortilla-Wraps geben und mit Limettenspalten zum Auspressen dazuservieren.

TIPP:

Ihr könnt aus den Tortilla-Wraps auch Taco-Shells machen, wenn ihr möchtet. Dafür diese einfach mit etwas Sonnenblumenöl bestreichen und über das Gitter des Backofenrosts hängen. Ein paar Minuten knusprig backen, dann können sie gefüllt werden.

Schnelle eingelegte Zwiebeln

2 rote Zwiebeln, halbiert und in dünne Streifen geschnitten

200 ml Apfelessig

1 EL Ahornsirup

½ TL Chiliflocken

Abrieb von 1 unbehandelten Limette

1 gute Prise Meersalz

Bereitet hiervon etwas mehr zu und bewahrt es in einem Glas im Kühlschrank auf. So könnt ihr One-Pot-Gerichte schnell aufpeppen.

Zwiebelstreifen in einer großen Schüssel vollständig mit kochendem Wasser bedecken. 10 Minuten ruhen lassen. Essig und Ahornsirup in einem Becher verrühren, dann Chiliflocken, Limettenabrieb und Meersalz hinzufügen. Die Zwiebeln abgießen und mit Küchenpapier trocken tupfen. Die Essigmischung darübergießen und die Zwiebeln bis zum Servieren 1 Stunde kühl stellen.

Gebackenes Gemüse mit Kidneybohnen

FÜR 4 PERSONEN

• ZUM EINFRIEREN GEEIGNET

4 Süßkartoffeln, geschält und in 2 cm große Würfel geschnitten

1 rote Paprikaschote, Kerngehäuse entfernt und in dünne Streifen geschnitten

1 rote Zwiebel, fein gehackt

Sonnenblumenöl zum Beträufeln

½ TL geräuchertes Paprikapulver

1 Prise Chiliflocken

1 Prise getrockneter Oregano

400 g Kidneybohnen (aus der Dose), abgetropft und abgespült

1 gute Prise geräuchertes Meersalz

1 Handvoll Schnittlauch, frisch geschnitten

1 Avocado, geschält, entsteint und in dünne Scheiben geschnitten

Genießt dieses herzhafte Ofengemüse zum Brunch oder auch später! Für jüngere Gäste könnt ihr die Chiliflocken weglassen, oder ihr gebt noch ein paar klein geschnittene grüne Chilischoten oder Tabasco dazu, wenn ihr es scharf mögt.

Den Backofen auf 200 °C (Umluft) vorheizen.

Süßkartoffeln, Paprika und Zwiebeln in eine Bratreine geben und mit etwas Sonnenblumenöl beträufeln. Mit geräuchertem Paprikapulver, Chiliflocken und Oregano bestreuen und alles verrühren.

30 Minuten im Ofen backen, dann die Form vorsichtig herausnehmen. Kidneybohnen dazugeben und unterrühren, sodass sie gleichmäßig verteilt sind. Die Bratreine wieder in den Ofen schieben und alles noch weitere 8–10 Minuten backen.

Das Gemüse herausnehmen und mit geräuchertem Meersalz würzen. Mit Schnittlauchröllchen bestreuen und zum Servieren Avocadoscheiben darüber verteilen.

TIPP:

Reste mit etwas Gemüsebrühe und Limettensaft pürieren. So habt ihr für den nächsten Tag eine Suppe nach mexikanischer Art.

Glasierte Aubergine

mit gehackten Erdnüssen

FÜR 2 PERSONEN

2 EL Sonnenblumenöl

2 EL Ahornsirup

1 EL helle Sojasauce

2 Knoblauchzehen, zerdrückt

1 große Aubergine, längs in ca. 4 Scheiben geschnitten, oder 2 kleinere, längs halbiert

1 TL Sesamsamen

1 Frühlingszwiebel, in feine Streifen geschnitten

1 kleine Handvoll Koriandergrün, grob zerpflückt

2 EL gesalzene Erdnusskerne, grob gehackt

Das süßliche, intensive Aroma von Ahornsirup und Sojasauce verleiht der gebackenen Aubergine einen asiatischen Touch. Serviert sie als sättigendes Mittagessen oder leichtes Abendessen mit Asia-Nudeln, in der Pfanne gegartem Blattgemüse oder knackigem Karottensalat.

Den Backofen auf 180 °C (Umluft) vorheizen.

Öl, Ahornsirup, Sojasauce und zerdrückten Knoblauch sorgfältig in einer länglichen Schale verrühren.

Auberginenscheiben mit einem Messer kreuzweise einschneiden. Dabei darauf achten, das Fleisch nicht ganz durchzuschneiden.

Die Auberginenscheiben in die Schale legen und in der Marinade schwenken, sodass sie rundum davon bedeckt sind. 10 Minuten darin ziehen lassen, dann die Scheiben nebeneinander in einer Auflaufform platzieren und 30–35 Minuten backen, bis sie weich und klebrig werden.

Herausnehmen und mit Sesamsamen, Frühlingszwiebeln, Koriander und Erdnüssen bestreuen.

Bild auf der nächsten Seite

TIPP:

Für einen zusätzlichen Aroma-Kick vor dem Servieren mit gehackter roter Chilischote bestreuen und mit frisch gepresstem Limettensaft beträufeln.

Glasierte
Aubergine
mit gehackten
Erdnüssen

Sandwich mit Ofengemüse

FÜR 2 PERSONEN

1 Aubergine, längs in dünne »Speckscheiben« geschnitten

1–2 EL Barbecuesauce (vegan)

1 Prise getrockneter Oregano

6 Kirschtomaten

1 kleine rote Zwiebel, in dünne Scheiben geschnitten

Sonnenblumenöl zum Beträufeln

4 dicke Scheiben Sauerteigbrot

vegane Butter zum Bestreichen

2 TL vegane Mayonnaise

Blätter von ½ Baby-Römersalat

1 Prise geräuchertes Meersalz

Rauchige Auberginenscheiben, Salatblätter, gebackene Tomaten, rote Zwiebel und frisches Sauerteigbrot – und das alles in einer Form. Das Mittagessen ist angerichtet!

Den Backofen auf 180 °C (Umluft) vorheizen.

Auberginenscheiben mit etwas Barbecuesauce bestreichen und nebeneinander in eine Auflaufform legen. Mit Oregano bestreuen.

Kirschtomaten und Zwiebelscheiben hinzufügen. Mit Sonnenblumenöl beträufeln und 25–30 Minuten im Ofen backen, bis die Aubergine an den Rändern etwas knusprig ist und die Zwiebelscheiben weich sind.

Brotscheiben auf die Arbeitsfläche legen und bis zum Rand jeweils mit etwas Butter bestreichen. Auf zwei der Scheiben die Mayonnaise verteilen, dann mit Salatblättern belegen.

Die Form aus dem Ofen nehmen und das Gemüse mit geräuchertem Meersalz bestreuen. Auberginenscheiben, gebackene Tomaten und Zwiebeln auf die Salatblätter legen und die Sandwiches mit den anderen Brotscheiben zusammensetzen.

TIPP:

Die Auberginen mit einem scharfen Messer in hauchdünne Scheiben schneiden – je dünner sie sind, desto knuspriger und rauchiger werden »die Speckscheiben«!

Baked Beans nach griechischer Art

REICHLICH FÜR 2 PERSONEN

• ZUM EINFRIEREN GEEIGNET

500 g passierte Tomaten

2 EL Tomatenmark

1 Prise Zucker

1 TL getrockneter Oregano

1 Knoblauchzehe, zerdrückt

400 g weiße Bohnen (aus der Dose), abgetropft und abgespült

1 Handvoll schwarze Oliven ohne Stein

1 Lorbeerblatt

1 Handvoll glatte Petersilie, frisch geschnitten

1 kleine Handvoll frischer Dill, frisch geschnitten

Meersalz und schwarzer Pfeffer aus der Mühle

Saft von ¼ Zitrone zum Servieren

Weiße Bohnen, Oliven, süßliche Tomatensauce und frische Kräuter vereinen sich zu diesem von der griechischen Küche inspirierten One-Pot-Gericht. Serviert es nach Belieben mit frischem Sauerteigbrot oder auf Ofenkartoffeln mit einem Klecks veganem Naturjoghurt.

Den Backofen auf 180 °C (Umluft) vorheizen.

Passierte Tomaten, Tomatenmark, Zucker, Oregano und Knoblauch in einer Schüssel verrühren. Bohnen und Oliven sorgfältig untermischen.

Die Bohnenmasse in eine Auflaufform füllen und das Lorbeerblatt hinzufügen. Locker mit Alufolie abdecken und 35–40 Minuten im Ofen backen.

Die Form aus dem Ofen nehmen und das Lorbeerblatt entfernen. Das Gemüse mit Petersilie und Dill bestreuen und großzügig mit Salz und Pfeffer würzen. Vor dem Servieren mit Zitronensaft beträufeln.

TIPP:

Für dieses Rezept nehme ich am liebsten weiße Bohnen, aber auch Cannellini-Bohnen oder gemischte Bohnen aus der Dose sind gute Alternativen.

Harissa-Fladenbrot
mit Ofentomaten

FÜR 2 PERSONEN

300 g Kirschtomaten

1 kleine rote Zwiebel, sehr fein gehackt

Sonnenblumenöl zum Beträufeln

2 Fladenbrote (milchfrei)

2 gehäufte TL Harissapaste

1 kleine Handvoll glatte Petersilie, frisch geschnitten

1 gute Prise Meersalz

Hier wird fertig gekauftes Fladenbrot mit Harissa, Ofentomaten und roten Zwiebeln aufgepeppt und mit Petersilie bestreut. Ein aromatisches Mittagessen, das in weniger als 30 Minuten zubereitet ist.

Den Backofen auf 200 °C (Umluft) vorheizen.

Tomaten und Zwiebel in eine Auflaufform geben und mit etwas Sonnenblumenöl beträufeln. 15 Minuten im Ofen backen.

Währenddessen die Fladenbrote auf eine saubere Arbeitsfläche legen und jedes gleichmäßig mit 1 TL Harissapaste bestreichen. Dann vorsichtig in den Ofen legen und 5 Minuten erwärmen.

Die Form und die Fladenbrote aus dem Ofen nehmen und die gebackenen Tomaten und Zwiebeln auf den Broten verteilen. Mit Petersilie bestreuen und mit Meersalz würzen.

TIPP:

Leichter und gleichmäßiger lässt sich die Harissapaste auf den Fladenbroten verstreichen, wenn man dafür einen Backpinsel verwendet.

Wassermelone niçoise

FÜR 2 PERSONEN

½ Wassermelone, Fruchtfleisch in 3 cm große Würfel geschnitten

½ TL veganes Furikake (japanisches Reisgewürz mit Meeresalgen, Sesam und Salz; alternativ getrocknete Nori-Flocken)

2 Baby-Römersalate, in Stücke geschnitten

1 Handvoll schwarze Oliven ohne Stein

6 Kirschtomaten, halbiert

1 Handvoll Basilikumblätter

natives Olivenöl extra zum Beträufeln

Meersalz und schwarzer Pfeffer aus der Mühle

Zitronenspalten zum Servieren

Wir alle lieben frisch aufgeschnittene Wassermelone, aber wenn man sie im Ofen backt und warm serviert, schmeckt sie noch süßer und schmilzt geradezu im Mund. Mit einer japanischen Nori-Gewürzmischung oder Nori-Flocken bestreut, schmeckt sie leicht nach Meer. Serviert sie mit knusprigem Brot oder neuen Kartoffeln.

Den Backofen auf 180 °C (Umluft) vorheizen.

Melonenwürfel in eine Auflaufform geben und mit Furikake bestreuen. 15–20 Minuten im Ofen backen, bis sie heiß sind.

Währenddessen Salatstücke in eine Schüssel geben und mit Oliven, Tomaten und Basilikumblättern bestreuen. Mit etwas Olivenöl beträufeln und mit Salz und Pfeffer würzen.

Die Melone aus dem Ofen nehmen und unter den Salat mischen. Mit Zitronenspalten zum Auspressen servieren.

Bild auf der nächsten Seite

TIPP:

Furikake oder Nori (Algenblätter) in Form getrockneter Flocken sind in größeren Supermärkten oft bei den internationalen Produkten erhältlich, außerdem in Asialäden oder online.

Wassermelone
niçoise

Marinierte Ofen-Zucchini

mit Antipasti & Toast

FÜR 2 PERSONEN

1 EL Sonnenblumenöl

Abrieb und Saft von 1 unbehandelten Zitrone

1 Knoblauchzehe, leicht zerdrückt

1 Prise Chiliflocken

1 kleine Handvoll glatte Petersilie, sehr fein geschnitten

2 große Zucchini, längs in sehr feine Streifen geschnitten (siehe Tipp S. 82)

1 kleine Handvoll Minzeblätter, sehr fein geschnitten

2 TL Pinienkerne

1 Handvoll schwarze Oliven ohne Stein

4 getrocknete Tomaten in Öl (aus dem Glas), abgetropft und grob gehackt

4 Artischocken in Öl (aus dem Glas), abgetropft und grob gehackt

Meersalz und schwarzer Pfeffer aus der Mühle

dünne Scheiben getoastetes Sauerteigbrot zum Servieren

Macht die Zucchini zum Star dieses erfrischenden Mittagessens! Sie können über Nacht mariniert werden, müssen jedoch mindestens 1 Stunde in der Marinade liegen, damit sie die intensiven Aromen von Zitrone, Chili und Petersilie aufnehmen.

Öl, Zitronenabrieb und -saft, Knoblauch, Chiliflocken und Petersilie in einer Schale verrühren. Zucchinistreifen hineinlegen und mindestens 1 Stunde marinieren.

Den Backofen auf 180 °C (Umluft) vorheizen.

Zucchini gleichmäßig auf einem mit Backpapier belegten Blech verteilen und 10 Minuten im Ofen backen.

Herausnehmen und mit Minze, Pinienkernen, Oliven, getrockneten Tomaten und Artischocken bestreuen. Mit Salz und Pfeffer würzen und alles gut vermengen.

Auf einer Servierplatte anrichten und das restliche Öl vom Blech darüber verteilen. Mit getoastetem Sauerteigbrot servieren.

TIPP:

Die Zucchini schmecken sowohl heiß als auch zimmerwarm wunderbar und sind eine perfekte Ergänzung zu einem kleinen Lunch im Freien.

Frühlingssalat aus Ofengemüse

FÜR 2 PERSONEN

10 neue Kartoffeln, halbiert

2 Karotten, geschält und in Scheiben geschnitten

1 Handvoll Radieschen

Sonnenblumenöl zum Beträufeln

8–10 grüne Spargelstangen, harte Enden entfernt

250 g gegarte Quinoa vom Vortag

1 kleine Handvoll Koriandergrün, frisch geschnitten

Saft von ½ Zitrone, plus Zitronenscheiben zum Garnieren

Meersalz und schwarzer Pfeffer aus der Mühle

Neue Kartoffeln, Karotten, grüner Spargel und Radieschen sind die Schätze des Frühlings – im Ofen gebacken, intensiviert sich ihr Aroma und sie schmecken noch köstlicher. Ein wundervolles Mittagessen für einen kühleren Frühlingstag. Serviert es warm oder stellt es für das nächste schnelle Mittagessen kühl.

Den Backofen auf 200 °C (Umluft) vorheizen.

Kartoffeln, Karotten und Radieschen gleichmäßig in einer Auflaufform verteilen und mit etwas Sonnenblumenöl beträufeln. 30 Minuten im Ofen backen, bis das Gemüse weich ist.

Die Form vorsichtig aus dem Ofen nehmen und die Spargelstangen hinzufügen. Alles noch weitere 8–10 Minuten backen, bis der Spargel weich ist.

Die Form aus dem Ofen nehmen und Quinoa sowie Koriandergrün unter das Gemüse rühren, dann mit Zitronensaft beträufeln. Alles gut vermischen, mit Salz und Pfeffer würzen und mit ein paar Zitronenscheiben garnieren.

TIPP:

Quinoa ist eine praktische und nährstoffreiche Ergänzung zu einem Mittag- oder Abendessen, man findet sie in den meisten Supermärkten. Gart sie für den Salat am besten schon am Vortag und wiegt davon die benötigte Menge ab.

BBQ-Blumen-kohl-Wings

mit Ofenpaprika & Limette

FÜR 4 PERSONEN

200 ml vegane Barbecuesauce

2 EL Sonnenblumenöl

½ TL Chiliflocken

100 g Panko (japanisches Paniermehl)

1 mittelgroßer Blumenkohl, Blätter entfernt und in mundgerechte Röschen zerteilt (den Stiel nicht ganz entfernt)

1 rote Paprikaschote, Kerngehäuse entfernt und in dünne Streifen geschnitten

1 Limette, halbiert

1 Handvoll Schnittlauch, frisch geschnitten

2 EL vegane Mayonnaise zum Servieren

Diese veganen Blumenkohl-Wings sind außen knusprig und innen saftig. Mit scharfer Barbecuesauce, Paprika aus dem Ofen und etwas Limettensaft schmecken sie köstlich. Serviert sie nach Belieben mit warmen Tortilla-Wraps.

Den Backofen auf 200 °C (Umluft) vorheizen.

Barbecuesauce, Öl und Chiliflocken in einer großen Schüssel miteinander verrühren.

Panko auf einen Teller geben. Ein Blumenkohl-röschen in die Sauce tauchen, überschüssige Sauce abschütteln, dann in den Semmelbröseln wenden. Wenn es rundum damit bedeckt ist, in eine Auflaufform legen. Den Vorgang mit den anderen Röschen wiederholen.

Paprikastreifen und Limettenhälften hinzufügen und alles 15 Minuten im Ofen backen. Die Blumenkohl-Wings mit einer Zange wenden und dann nochmals 10–15 Minuten backen, bis sie gleichmäßig goldgelb sind.

Aus dem Ofen nehmen und mit Schnittlauch bestreuen. Mit veganer Mayonnaise servieren und, sobald die Limette etwas abgekühlt ist, mit warmem Limettensaft beträufeln.

TIPP:

Durch das Backen verlieren die Limetten an Säure und schmecken leicht rauchig.

Vegane Fajita-Happen

ERGIBT 8 STÜCK

2 TL Sonnenblumenöl

3 große Tortilla-Wraps

2 EL Tomatenmark

1 TL geräuchertes Paprikapulver

1 Prise getrockneter Oregano

1 Prise mildes Chilipulver

1 gelbe Paprikaschote, Kerngehäuse entfernt und gewürfelt

2 Frühlingszwiebeln, fein gehackt

1 Prise Meersalz

1 kleine Handvoll Koriandergrün

1 Avocado, geschält, entsteint und in dünne Scheiben geschnitten

Genießt diese Fajita-Happen heiß oder kalt als schnelles Mittagessen oder als Snack zwischendurch. Serviert sie mit etwas veganer Mayonnaise und Limettensaft.

Den Backofen auf 180 °C (Umluft) vorheizen. Acht Vertiefungen eines Muffinblechs mit Öl einfetten, das Blech dann zur Seite stellen.

Tortilla-Wraps ausbreiten. Mit einem großen Keksausstecher 16 Kreise daraus ausstechen (oder mithilfe eines Glases und scharfen Messers ausschneiden), die so groß sind, dass sie die Vertiefungen des Muffinblechs ausfüllen.

In jede gefettete Vertiefung des Blechs einen Tortilla-Kreis drücken und dann jeweils mit etwas Öl bestreichen. Einen weiteren Kreis hineinlegen, sodass eine doppelte Lage entsteht.

Tomatenmark, Paprikapulver, Oregano, Chilipulver, Paprika und Frühlingszwiebeln in einer Schüssel vermischen und die Masse gleichmäßig auf die Tortilla-Förmchen verteilen.

10 Minuten im Ofen backen, bis die Ränder goldgelb sind und die Füllung Blasen wirft.

Vorsichtig herausnehmen und ein paar Minuten abkühlen lassen. Leicht salzen und mit Koriandergrün und Avocadoscheiben belegen. Die Fajita-Happen mithilfe eines Löffels aus der Form lösen und auf einen Servierteller setzen.

TIPP:

Die Tortilla-Böden können im Voraus zubereitet und in einem luftdichten Behälter 2–3 Tage aufbewahrt werden. Dann mit der Fajita-Mischung füllen und backen, bis die Füllung heiß ist.

Kleine Spargel-Frittatas

ERGIBT 6 STÜCK

• ZUM EINFRIEREN GEEIGNET

½ TL Sonnenblumenöl

280 g fester Tofu, abgetropft (muss nicht gepresst werden)

¼ TL gemahlene Kurkuma

1 EL ungesüßter Sojadrink

1 kleine Handvoll glatte Petersilie, sehr fein geschnitten

Meersalz und schwarzer Pfeffer aus der Mühle

6 grüne Spargelstangen, harte Enden entfernt, längs halbiert

Zusammen mit mit frischen Salatblättern und Erbsen serviert, ergeben diese Frittatas das perfekte Mittagessen. Der Tofu ersetzt in meiner veganen Variante die Eier, und er hält sich bis zu 2 Tage im Kühlschrank. Am besten warm genießen.

Den Backofen auf 200 °C (Umluft) vorheizen. Sechs Vertiefungen eines Muffinblechs mit etwas Sonnenblumenöl einfetten.

Tofu in einem leistungsstarken Mixer oder in einer Küchenmaschine zerkleinern und gemahlene Kurkuma sowie Sojadrink hinzufügen. 3 EL Wasser zugeben und auf hoher Stufe mixen, nochmals dieselbe Menge Wasser hineinträufeln und alles zu einer dicklichen Paste pürieren (sie sollte so dick sein, dass sie sich nicht mehr gießen lässt, sondern gelöffelt werden muss). Gehackte Petersilie unterrühren und mit Salz und reichlich Pfeffer würzen.

In jede Mulde 2 EL der Masse füllen, je 2 Spargelhälften darauflegen und diese ein wenig in die Tofumasse drücken.

15 Minuten im Ofen backen, dann die Temperatur auf 180 °C herunterschalten und noch weitere 5–7 Minuten backen, bis sich die Masse gesetzt hat. Aus dem Ofen nehmen und ein paar Minuten ruhen lassen. Dann mithilfe eines Löffels die Frittatas vorsichtig aus den Vertiefungen lösen.

TIPP:

Der Teig kann am Vortag zubereitet und im Kühlschrank aufbewahrt werden. Wenn er dann zu dick ist, einfach noch etwas Wasser unterrühren. Das perfekte Gericht, wenn ihr nur wenig Zeit zum Mittagessen habt – kein extra Abwasch nötig!

Salat mit glasierten Feigen & Pekannüssen

FÜR 2 PERSONEN

4 Bio-Feigen, längs halbiert

1 EL Ahornsirup

1 kleine rote Zwiebel, in dünne Ringe geschnitten

Sonnenblumenöl zum Beträufeln

1 kleine Handvoll Pekannusskerne

2 große Handvoll Rucola

1 Handvoll glatte Petersilie, zerpflückt

4 Radieschen, in dünne Scheiben geschnitten

Saft von ¼ Zitrone

In diesem eleganten Salat treffen süße, saftige Feigen auf leicht geröstete Pekannüsse. Würzige Rucola und Radieschen bilden einen interessanten Kontrast dazu.

Den Backofen auf 180 °C (Umluft) vorheizen.

Feigenhälften in eine Auflaufform legen und rundum mit Ahornsirup bestreichen. Zwiebelringe hinzufügen und alles mit ein klein wenig Sonnenblumenöl beträufeln. 15 Minuten im Ofen backen.

Dann die Pekannusskerne dazugeben und alles weitere 5 Minuten backen.

Rucola, Petersilie, Radieschen und Zitronensaft in einer Schüssel vermengen. Das Blech aus dem Ofen nehmen und die gebackenen Feigen, Zwiebelringe und Pekannüsse unter den Salat mischen.

TIPP:

Dieser Salat ist ein leckeres, leichtes Mittagessen. Er kann auch als Beilage zu Orzo mit Kichererbsen & Oliven (siehe S. 92) serviert werden.

Weiße Bohnen, Fenchel & Tomaten

mit Orange & Thymian

FÜR 2 PERSONEN

2 Fenchelknollen, längs in gleich große Spalten geschnitten (etwas Fenchelgrün zum Garnieren beiseitestellen)

Abrieb und Saft von 1 unbehandelten Orange

Sonnenblumenöl zum Beträufeln

500 g gemischte Kirschtomaten

Blättchen von 1 Zweig Thymian

400 g weiße Bohnen (aus der Dose), abgetropft und abgespült

Meersalz und schwarzer Pfeffer aus der Mühle

Dieses simple und köstliche Ofengericht kann heiß oder kalt mit knusprigem Brot gegessen werden. Nehmt dazu unbedingt frischen Thymian.

Den Backofen auf 180 °C (Umluft) vorheizen.

Fenchelspalten in eine Auflaufform geben und Orangensaft darüber verteilen (den Abrieb für später beiseitestellen). Mit etwas Sonnenblumenöl beträufeln und 30 Minuten im Ofen backen.

Vorsichtig herausnehmen und Tomaten, Thymianblättchen und Orangenabrieb unter den Fenchel mischen. Weitere 10 Minuten backen.

Anschließend die Bohnen untermischen und alles nochmals 5 Minuten backen.

Die Form aus dem Ofen nehmen, das Gemüse mit Salz und Pfeffer würzen und mit etwas Fenchelgrün garnieren.

TIPP:

Zitrusfrüchte werden häufig mit einer tierischen Wachsschicht wie Schellack versehen, sodass sie für Veganer nicht infrage kommen. Achtet auf unbehandelte Früchte und prüft die Verpackungshinweise.

Sizilianische Caponata

FÜR 2 PERSONEN

• ZUM EINFRIEREN GEEIGNET

1 große Aubergine, längs halbiert und quer in Scheiben geschnitten

1 rote Zwiebel, in dicke Scheiben geschnitten

2 große Tomaten, in Scheiben geschnitten

1 Prise getrockneter Oregano

Sonnenblumenöl zum Beträufeln

4 EL Balsamicoessig

1 Handvoll grüne Oliven ohne Stein

Meersalz und schwarzer Pfeffer aus der Mühle

1 kleine Handvoll Basilikumblätter

Für Caponata werden die Auberginen oft mit anderem Gemüse und einem Spritzer Balsamicoessig in der Pfanne gebraten, damit sie das typische süßsaure Aroma erhalten. Anstatt die Bratpfanne herauszuholen, gebt die Zutaten in eine Auflaufform und lasst den Backofen den Rest erledigen. Genießt die Caponata frisch aus dem Ofen oder auch zimmerwarm als erfrischenden Salat.

Den Backofen auf 180 °C (Umluft) vorheizen.

Auberginen- und Zwiebelscheiben in einer Auflaufform verteilen und die Tomaten darauflegen.

Mit Oregano bestreuen und mit etwas Sonnenblumenöl beträufeln. Balsamicoessig gleichmäßig darüber verteilen und das Gemüse 30–35 Minuten im Ofen backen, bis die Auberginen weich sind und beginnen, goldbraun zu werden.

Aus dem Ofen nehmen und Oliven darüberstreuen. Mit Salz und Pfeffer würzen und vor dem Servieren Basilikumblätter untermischen.

TIPP:

Ich halte die Caponata gerne schlicht, aber ihr könnt natürlich noch Rosinen, Pinienkerne und geröstete Mandeln zugeben und ihr so zusätzlichen Biss und Geschmack verleihen.

Rotwein-Kürbis

FÜR 4 PERSONEN

• ZUM EINFRIEREN GEEIGNET

1 Butternut-Kürbis, halbiert, entkernt und in dünne Scheiben geschnitten

6 Schalotten, halbiert

1 Karotte, geschält und in dünne Scheiben geschnitten

1 Stange Staudensellerie, in dünne Scheiben geschnitten

6 kleine Kartoffeln, halbiert

4 EL Perlgraupen

½ EL getrockneter Salbei

200 ml veganer Rotwein

200 ml heiße Gemüsebrühe

1 Lorbeerblatt

Meersalz und schwarzer Pfeffer aus der Mühle

Wenn es ein Ofengericht gibt, das typisch für den Herbst ist, dann ist es dieser Rotwein-Kürbis. Zarter Butternut-Kürbis, Salbei, gebackene Kartoffeln und pralle Graupen ergeben einen wunderbaren Seelenwärmer. Serviert dazu knuspriges Brot und tunkt es in die Kräuter-Rotwein-Sauce.

Den Backofen auf 180 °C (Umluft) vorheizen.

Kürbis, Schalotten, Karotte, Sellerie und Kartoffeln in eine Auflaufform geben. Mit Graupen und Salbei bestreuen.

Rotwein und Gemüsebrühe dazugießen, sodass die Graupen bedeckt sind, und das Lorbeerblatt hinzufügen.

Die Form locker mit Alufolie abdecken und das Gemüse 20 Minuten im Ofen backen. Dann die Alufolie vorsichtig abnehmen und alles umrühren. Die Ofentemperatur auf 200 °C erhöhen und das Gemüse offen noch 60 Minuten backen.

Aus dem Ofen nehmen und mit Salz und Pfeffer würzen.

TIPP:

Der Butternut-Kürbis muss nicht geschält werden, wascht ihn einfach gründlich und trocknet ihn vor dem Zerkleinern ab.

Blumenkohl-Käse-Pie

FÜR 4 PERSONEN

200 ml ungesüßter
Sojadrink

150 g veganer
Frischkäse

1 große Handvoll
Schnittlauch, frisch
geschnitten

Meersalz und schwarzer
Pfeffer aus der Mühle

1 Blumenkohl, Blätter
entfernt und in Röschen
zerteilt

1 Prise geriebene
Muskatnuss

6 Blätter Filoteig
(aus dem Kühlregal;
milchfrei)

Blumenkohl und Frischkäse vereint in einer
Pie – ein cremiges Abendessen, das herrlich
satt und glücklich macht. Ich bereite es gerne
in einer runden Auflaufform zu, aber es gelingt
auch in einem tiefen Backblech oder einer
Fettpfanne. Serviert dazu nach Belieben
gedämpftes Blattgemüse und Erbsen.

Den Backofen auf 180 °C (Umluft) vorheizen.

Sojadrink in einem Rührbecher mit Frischkäse
verquirlen, dann Schnittlauch unterrühren und
mit Salz und Pfeffer würzen.

Den Blumenkohl in eine Auflaufform geben und
die Frischkäsemischung darübergießen. Mit
Muskatnuss bestreuen und 30 Minuten im Ofen
backen.

Die Form herausnehmen, die Teigblätter ausrollen und vorsichtig auf den gebackenen Blumenkohl legen, dabei etwas zusammenknüllen. Dann
die Form wieder in den Ofen stellen und die Pie
15–20 Minuten goldgelb und knusprig backen.

TIPP:

Viele Firmen bieten veganen Fertigteig, auch
Filoteig, an, der Pflanzenöl anstatt Butter enthält. Aber überprüft vor dem Kauf immer zuerst
die Zutatenliste.

Pastinaken, Kastanien & Cranberrys aus dem Ofen

REICHLICH FÜR 2 PERSONEN

• ZUM EINFRIEREN GEEIGNET

4 Pastinaken, geschält und in 4 cm breite Spalten geschnitten

2 Süßkartoffeln, geschält und in 4 cm breite Spalten geschnitten

1 rote Zwiebel, geviertelt

Sonnenblumenöl zum Beträufeln

1 gute Prise getrockneter Salbei

180 g gekochte Esskastanien (vakuumiert)

1 Handvoll Cranberrys (frisch oder TK)

Zesten von ¼ unbehandelten Orange

Meersalz und schwarzer Pfeffer aus der Mühle

Dieses Wintergericht wärmt Leib und Seele, ist ausgewogen und lässt sich wirklich einfach zubereiten. Perfekt für die Zeit zwischen den Jahren, um Reste vom Weihnachtsessen zu verwerten. Es schmeckt köstlich pur, aber auch mit Sauce.

Den Backofen auf 190 °C (Umluft) vorheizen.

Pastinaken, Süßkartoffeln und Zwiebeln in eine Auflaufform geben, dabei darauf achten, dass sie nicht übereinanderliegen. Mit etwas Sonnenblumenöl beträufeln und mit Salbei bestreuen. 20 Minuten im Ofen backen.

Die Form vorsichtig herausnehmen und die Pastinaken und Süßkartoffeln mit einer Küchenzange wenden. Kastanien und Cranberrys hinzufügen und Orangenzesten auf dem Gemüse verteilen. Die Form wieder in den Ofen schieben und noch 15 Minuten backen, bis alles goldgelb und knusprig ist.

Aus dem Ofen nehmen und das Gemüse mit Salz und Pfeffer würzen.

TIPP:

Vakuumierte Esskastanien gibt es in den meisten Supermärkten. Sie sind sehr vielseitig und in Schmorgerichten, Ofengerichten und Pfannengerichten sowie zum Füllen verwendbar. Damit spart man sich die Zeit und Mühe, sie zu rösten und zu schälen, außerdem lassen sie sich lange aufbewahren.

Pilz-Burger

mit gegrillter Paprika & Basilikum-Mayonnaise

FÜR 2 PERSONEN

1 EL Balsamicoessig

1 TL Sonnenblumenöl

2 große, flache Champignons, Stiele entfernt

2 gegrillte Paprikaschoten in Öl (aus dem Glas), abgetropft und grob geschnitten

2 EL vegane Mayonnaise

1 Handvoll Basilikumblätter, fein geschnitten

2 vegane Burgerbrötchen, halbiert

Meersalz und schwarzer Pfeffer aus der Mühle

1 kleine Handvoll Brunnenkresse

Diese Champignons sind saftig, zart und durch den eingekochten Balsamicoessig und die gegrillten Paprika sehr aromatisch. Sie können prima im Ofen gebacken oder auch einfach auf den Grill gelegt werden. Die Basilikum-Mayonnaise lässt sich im Voraus zubereiten und bis zu 2 Tage im Kühlschrank aufbewahren.

Den Backofen auf 200 °C (Umluft) vorheizen.

In einer Schale Balsamicoessig mit Sonnenblumenöl verquirlen und die Pilze rundum, auch in der Vertiefung in der Mitte, großzügig damit bestreichen.

Champignons mit der Oberseite nach unten in eine Auflaufform legen und mit gegrillten Paprikastücken füllen. Dann 20 Minuten im Ofen backen.

Währenddessen Mayonnaise und Basilikum verrühren und 15 Minuten ziehen lassen.

Die Burgerbrötchen 1 Minute im Ofen erwärmen, anschließend zusammen mit der Form herausnehmen. Die Pilze salzen und pfeffern.

Die Unterseite der Brötchen jeweils großzügig mit Basilikum-Mayonnaise bestreichen, einen gefüllten Champignon darauflegen, etwas Kresse darüber verteilen und mit der anderen Brötchenhälfte bedecken.

TIPP:

Auf Holzkohle gegrillte und eingelegte Paprika gibt es in den meisten Supermärkten. Damit kann man einem Gericht prima zusätzliches Aroma verleihen, ohne viel Zeit mit dem Grillen verbringen zu müssen. Gebt die Paprika in einen Salat, in ein Chiligericht oder in eine Bolognese-Sauce.

Biryani aus dem Ofen

FÜR 4 PERSONEN

400 g Basmatireis, gewaschen

2 Karotten, geschält und in dünne Scheiben geschnitten

½ Blumenkohl, Blätter entfernt, in Röschen zerteilt

10 grüne Bohnen, geputzt und halbiert

1 große Handvoll Cashewnusskerne

400 ml Kokosmilch (Vollfettstufe; aus der Dose)

1 EL mittelscharfe Currypaste (milchfrei)

1 TL gemahlene Kurkuma

½ TL gemahlener Kreuzkümmel

½ TL Chiliflocken

1 Prise Meersalz

2 Frühlingszwiebeln, fein gehackt

1 große Handvoll Koriandergrün, grob zerpflückt

1 gute Prise Meersalz

Saft von ½ Zitrone, plus Zitronenscheiben zum Servieren

Dieses Biryani mit wenig Schärfe ist ein beliebtes Familiengericht, das man ganz einfach in einer Auflaufform zubereiten kann. Nach Belieben könnt ihr noch anderes Gemüse, das ihr gerade im Haus habt, dazugeben, zum Beispiel Mais, Zuckerschoten und Kirschtomaten.

Den Backofen auf 200 °C (Umluft) vorheizen.

Reis mit Karotten, Blumenkohl, Bohnen und Cashewnüssen in einer Auflaufform verteilen.

Kokosmilch und 200 ml Wasser in einen Rührbecher gießen. Currypaste, Kurkuma, Kreuzkümmel, Chiliflocken und Salz unterrühren.

Die Kokosmilch-Mischung über den Reis gießen und alles vorsichtig umrühren, dabei darauf achten, dass der Reis von der Flüssigkeit bedeckt ist.

Die Form locker mit Alufolie abdecken und alles 45–50 Minuten im Ofen backen, bis der Reis die Kokosmilch-Mischung aufgenommen hat und das Gemüse weich ist.

Mit Frühlingszwiebeln und Koriander bestreuen, mit Salz und Zitronensaft würzen und zusammen mit Zitronenscheiben servieren.

TIPP:

Basmatireis ist für dieses Gericht ideal, weil er locker ist und zart duftet. Andere Reissorten erfordern eine längere Garzeit.

Apfel-Ingwer-Dal

FÜR 2 PERSONEN

• ZUM EINFRIEREN GEEIGNET

200 g rote Linsen

1 großer Apfel, Kerngehäuse entfernt und grob gerieben

400 ml Kokosmilch (Vollfettstufe; aus der Dose)

1 gehäufter EL mittelscharfe Currypaste (milchfrei)

1 Prise Chiliflocken, plus etwas mehr zum Bestreuen (nach Belieben)

1 cm frischer Ingwer, geschält und fein gerieben

1 gute Prise Meersalz

2 EL Kokosjoghurt

Saft von ½ Limette, plus Limettenspalten zum Servieren

1 kleine Handvoll Koriandergrün, zerpflückt

Wenn ihr Dal liebt, aber nicht 45 Minuten am Herd stehen und in der Pfanne rühren möchtet, könnte dies euer neues Lieblingsrezept werden. Geriebener Apfel und Ingwer verleihen diesem Linsengericht einen besonderen Geschmack. Serviert es pur oder für eine größere Mahlzeit mit Reis oder Bombay-Kartoffeln (siehe S. 125).

Den Backofen auf 200 °C (Umluft) vorheizen.

Linsen und geriebenen Apfel in eine Auflaufform geben.

In einem Rührbecher Kokosmilch, Currypaste, Chiliflocken und geriebenen Ingwer verquirlen. Die Mischung über die Linsen gießen.

Die Form locker mit Alufolie abdecken und für 40–45 Minuten in den Ofen stellen, bis die Linsen weich sind.

Die Form herausnehmen und die Folie entfernen. 100 ml heißes Wasser zu den Linsen gießen und umrühren, sodass sie besser zerfallen. Dann mit Salz würzen.

Zum Servieren das Dal auf Teller verteilen, mit Kokosjoghurt, Limettensaft und Koriander garnieren und nach Belieben mit ein paar Chiliflocken bestreuen.

TIPP:

Bewahrt frischen Ingwer im Gefrierfach auf und reibt ihn dann einfach gefroren in Dals, Pfannen- und Currygerichte. So wird weniger verschwendet und der Ingwer ist immer frisch, wenn man ihn braucht.

Cremiges Massaman-Curry

mit Edamame

FÜR 4 PERSONEN

• ZUM EINFRIEREN GEEIGNET

Dies ist mein Lieblingsrezept für Massaman-Curry, denn beim Backen wird die Sauce schön dicklich und cremig und erhält eine samtige Textur. Serviert es mit Lockerem Kokosreis (siehe S. 121), Quinoa oder Basmatireis.

- 400 ml Kokosmilch (Vollfettstufe; aus der Dose)
- 2 EL vegane rote Thai-Currypaste
- 1 gehäufter EL Erdnussbutter
- 2 EL helle Sojasauce
- 2 TL Ahornsirup
- 1 Prise Meersalz
- 6 neue Kartoffeln, halbiert
- 2 Karotten, geschält und in Stifte geschnitten
- ½ Butternut-Kürbis, geschält und in mundgerechte Stücke geschnitten
- 1 rote Paprikaschote, Kerngehäuse entfernt und in dünne Streifen geschnitten
- 1 Handvoll Zuckerschoten, längs halbiert
- 1 Handvoll Edamame-Bohnen (frisch oder TK)
- 1 Zimtstange
- 1 Lorbeerblatt
- 2 Frühlingszwiebeln, fein gehackt
- 1 Handvoll Koriandergrün, zerpflückt
- 1 kleine rote Chilischote, in feine Ringe geschnitten
- 2 EL gesalzene Erdnusskerne, grob gehackt
- Limettenspalten zum Servieren

Den Backofen auf 200 °C (Umluft) vorheizen.

Kokosmilch in einem Rührbecher mit Currypaste, Erdnussbutter, Sojasauce, Ahornsirup und Salz verquirlen. Anschließend in eine Auflaufform gießen.

Kartoffeln, Karotten, Kürbis, Paprikastreifen, Zuckerschoten und Edamame hinzufügen. Zimtstange und Lorbeerblatt hineinstecken. Die Form locker mit Alufolie abdecken und das Gemüse 30 Minuten im Ofen backen.

Die Folie vorsichtig entfernen, das Curry umrühren und weitere 30 Minuten offen backen, bis die Sauce eingedickt ist und die Kartoffeln goldgelb sind.

Aus dem Ofen nehmen und mit Frühlingszwiebeln, Koriander, Chilischeiben und Erdnusskernen bestreuen. Mit Limettenspalten servieren.

TIPP:

Dieses Curry ist etwas schärfer. Wenn ihr es milder haben möchtet, nehmt nur 1 EL von der roten Thai-Currypaste und lasst die Chilischote weg.

Asia-Nudeln mit Orange, Tofu & Chili

FÜR 2 PERSONEN

Lasst den Wok stehen und gebt die Zutaten einfach in eine Auflaufform! Knusprig gebackener Tofu, Brokkoli, Cashewkerne und weiche Nudeln werden hier mit Orange und Sojasauce gebacken. Instant-Asia-Nudeln findet man im Supermarkt, aber achtet darauf, dass sie kein Ei enthalten.

Den Backofen auf 200 °C (Umluft) vorheizen.

Tofu in eine Auflaufform geben und mit Sojasauce und etwas Sonnenblumenöl beträufeln. 20 Minuten im Ofen backen, herausnehmen und mit einer Küchenzange wenden. Chiliringe, Brokkoli und Zuckerschoten zugeben und weitere 10 Minuten backen.

Währenddessen die Nudeln ein paar Minuten in heißem Wasser einweichen, bis sie sich leicht voneinander trennen lassen. Wasser abgießen.

Die Nudeln rings um den Tofu und das Gemüse in der Form verteilen. Dann mit Orangenzesten bestreuen und mit Orangensaft beträufeln. Sesamsamen und Cashewkerne darübergeben. Die Form wieder in den Ofen schieben und alles 5–6 Minuten backen, bis die Nudeln heiß sind.

Herausnehmen und mit Salz und Pfeffer abschmecken. Mit Frühlingszwiebeln und Koriandergrün garnieren.

280 g fester Tofu, abgetropft, gepresst (siehe Tipp) und in mundgerechte Stücke geschnitten

1 EL helle Sojasauce

Sonnenblumenöl

1 kleine rote Chilischote, in feine Ringe geschnitten

200 g langstieliger Brokkoli (alternativ normaler Brokkoli), in Röschen zerteilt

1 große Handvoll Zuckerschoten, schräg in Stücke geschnitten

300 g Instant-Asia-Nudeln (ohne Ei)

Zesten und Saft von ½ unbehandelten Orange

1 TL Sesamsamen

1 TL geröstete Cashewnusskerne

Meersalz und schwarzer Pfeffer aus der Mühle

1 Frühlingszwiebel, fein gehackt

1 kleine Handvoll Koriandergrün, zerpflückt

TIPP:

Knuspriger Tofu gelingt, indem man so viel Feuchtigkeit wie möglich aus ihm herauspresst. Dafür den Tofublock abtropfen lassen und dann ausdrücken. Ihr könnt euch auch eine Tofu-Presse kaufen, mit der das sehr effektiv geht, oder den Tofu einfach in Küchenpapier oder ein sauberes, trockenes Küchentuch wickeln und auf einen großen Teller setzen. Legt einen zweiten Teller darauf und beschwert ihn mit ein paar Kochbüchern oder einer schweren Pfanne. Lasst ihn dort 1 Stunde ruhen, bevor ihr den Tofu in Stücke schneidet.

Supereinfache Pulled-Jackfrucht-Burger
mit Coleslaw

FÜR 2 PERSONEN

400 g Jackfrucht (aus der Dose), abgetropft und abgespült

6 gute EL vegane Barbecuesauce

1 kleine Handvoll glatte Petersilie, grob geschnitten

¼ Kopf Rotkohl, in sehr feine Streifen geschnitten

1 Karotte, geschält und in Juliennestreifen geschnitten

2 Frühlingszwiebeln, in feine Ringe geschnitten

1 kleine Handvoll Sultaninen

2 EL vegane Mayonnaise

Saft von ¼ Zitrone

2 vegane Burgerbrötchen, halbiert

Meersalz und schwarzer Pfeffer aus der Mühle

Überlasst dem Ofen die Arbeit mit dieser klebrigen Jackfrucht, mit der sich prima ein warmes Burgerbrötchen, ein geröstetes Pitabrot oder ein Fladenbrot füllen lässt. Dosen-Jackfrucht findet man in den meisten großen Supermärkten, sie hat eine fleischige, faserige »Pulled«-Textur, besonders wenn sie mit Barbecuesauce gebacken wird.

Den Backofen auf 180 °C (Umluft) vorheizen.

Jackfrucht in eine große Schüssel geben und in grobe Streifen zerteilen. Barbecuesauce und Petersilie gut untermischen und alles in eine Auflaufform geben. Im Ofen 20–25 Minuten backen, bis die Jackfrucht klebrig-glänzend ist.

Währenddessen Rotkohl, Karotte, Frühlingszwiebeln und Sultaninen in einer weiteren Schüssel vermischen. Anschließend vegane Mayonnaise und Zitronensaft unterrühren.

Burgerbrötchen ein paar Minuten im Ofen erwärmen. Dann mit der Jackfrucht herausnehmen und diese mit Salz und Pfeffer würzen.

Die pulled Jackfrucht in die Brötchen füllen und den Rotkohlsalat daraufgeben. Sofort servieren.

TIPP:

Der Krautsalat ist schnell gemacht, während die Jackfrucht im Ofen backt. Wenn etwas davon übrig bleibt, kann man ihn bis zu 3 Tage im Kühlschrank aufbewahren und pur oder mit Pellkartoffeln servieren.

Tofu-Stäbchen
mit Cornflakes-Kruste

FÜR 2 PERSONEN

8 gehäufte EL Cornflakes (vegan, siehe Tipp)

Meersalz und schwarzer Pfeffer aus der Mühle

4 gute EL süße Chilisauce

Sonnenblumenöl

280 g fester Tofu, abgetropft und gepresst (siehe Tipp S. 68)

Diese würzigen Tofu-Stäbchen sind in weniger als 30 Minuten fertig! Für diese simple und köstliche Variante wird zarter Tofu in süße Chilisauce getunkt und in knusprigen Cornflakes paniert. Serviert sie mit Rustikalen Kartoffelecken (siehe S. 117) und dippt sie in Chilisauce oder Tomatenketchup.

Den Backofen auf 190 °C (Umluft) vorheizen.

Cornflakes in einen Mixer oder eine Küchenmaschine füllen und zu feinen Bröseln zerkleinern. Auf einen Teller geben und mit Salz und viel Pfeffer würzen.

Chilisauce und etwas Sonnenblumenöl in einer Schale verrühren.

Gepressten Tofu quer in 3 Scheiben schneiden, dann jede Scheibe in 2 cm breite Streifen. Diese jeweils in die Chili-Mischung tauchen und anschließend in den Cornflakes-Bröseln wenden. Danach auf ein mit Backpapier belegtes Backblech legen.

Die Stäbchen 25 Minuten im Ofen knusprig backen und heiß servieren.

TIPP:

Manchmal enthalten Cornflakes Vitamin D, das aus Schafwolle gewonnen wurde. Daher kommen sie für Veganer nicht infrage. Haltet deshalb Ausschau nach Produkten mit dem Label »vegan« und prüft die Angaben zu Zutaten und Zusatzstoffen genau.
Für den Fall, dass Freunde vorbeikommen, könnt ihr die Zutaten einfach verdoppeln oder verdreifachen. Je nachdem, wie groß euer Backblech ist, müsst ihr die Tofu-Stäbchen dann portionsweise backen.

Pizza-Ofen-kartoffeln

FÜR 4 PERSONEN

4 große Kartoffeln,
gewaschen und
abgetrocknet

1 EL Sonnenblumenöl

4 gehäufte EL veganer
Frischkäse

1 Handvoll schwarze
Oliven ohne Stein, grob
gehackt

4 getrocknete Tomaten
in Öl (aus dem Glas),
abgetropft und grob
gehackt

1 Prise getrockneter
Oregano

Meersalz und schwarzer
Pfeffer aus der Mühle

2 große Tomaten,
jeweils in 8 dünne
Scheiben geschnitten

1 kleine Handvoll
Basilikumblätter

Sucht ihr noch ein Rezept für Freitagabend? Diese Pizza-Ofenkartoffeln sind köstlich und eignen sich wunderbar für einen entspannten Fernsehabend. Betrachtet dies hier als Grundrezept und verwendet euren Lieblings-Pizzabelag, zum Beispiel Mais, gehackte Artischocken oder Ananas.

Den Backofen auf 200 °C (Umluft) vorheizen.

Kartoffeln ein paarmal rundherum mit einer Gabel einstechen und mit Sonnenblumenöl einreiben. Einzeln in Alufolie wickeln und auf ein Backblech legen. Im Ofen 90 Minuten backen, bis sie weich sind.

Aus dem Ofen nehmen und vorsichtig die Alufolie entfernen. Kartoffeln halbieren und abkühlen lassen, bis man sie anfassen kann. Dann jede Hälfte vorsichtig mit einem Löffel aushöhlen, dabei jeweils etwa 5 mm an der Schale stehen lassen.

Das Kartoffelinnere in eine Schüssel geben und zusammen mit dem Frischkäse zerdrücken. Oliven, getrocknete Tomaten sowie Oregano untermischen und die Masse mit Salz und Pfeffer abschmecken. Anschließend die Kartoffelhälften mit der Kartoffel-Frischkäse-Mischung füllen und jeweils mit einer Tomatenscheibe belegen.

Wieder auf das Backblech legen und 20 Minuten im Ofen backen, bis die Füllung goldgelb ist und Blasen wirft.

Die Kartoffeln aus dem Ofen nehmen. Vor dem Servieren mit Basilikumblättern bestreuen.

TIPP:

Schneller geht es, wenn man die Ofenkartoffeln am Vortag backt und die Füllung erst kurz vor dem Essen frisch zubereitet.

Süßkartoffel-Chili

FÜR 4 PERSONEN

• ZUM EINFRIEREN GEEIGNET

400 g gehackte Tomaten (aus der Dose)

1 EL Tomatenmark

1 gehäufter TL mildes Chilipulver

1 TL geräuchertes Paprikapulver

¼ TL getrockneter Oregano

1 Prise Zimtpulver

1 Prise geräuchertes Meersalz

2 Süßkartoffeln, geschält und in 2 cm große Würfel geschnitten

1 gelbe Paprikaschote, Kerngehäuse entfernt und grob gewürfelt

1 Stange Staudensellerie, fein gewürfelt

400 g Kidneybohnen, abgetropft und abgespült

1 Avocado, geschält, entsteint und in Scheiben geschnitten

Saft von ½ Limette zum Beträufeln

1 Handvoll Koriandergrün, grob zerpflückt

Mahlzeiten unter der Woche sollten einfach zuzubereiten sein und der ganzen Familie schmecken. Für dieses Chili muss man nicht am Herd stehen, lehnt euch einfach zurück und lasst den Ofen die Arbeit erledigen! Ich koche dieses Chili oft in einem gusseisernen Schmortopf mit Deckel, den man vom Ofen direkt auf den Tisch stellen kann. Serviert dazu Rustikale Kartoffelecken (siehe S. 117).

Den Backofen auf 200 °C (Umluft) vorheizen.

Gehackte Tomaten, Tomatenmark, Chilipulver, Paprikapulver, Oregano und Zimt sorgfältig in einer Auflaufform verrühren und mit Salz abschmecken.

Süßkartoffeln, Paprika, Sellerie und Kidneybohnen untermischen und die Form mit Alufolie abdecken.

35–40 Minuten im Ofen backen, bis die Süßkartoffeln weich sind. Vorsichtig herausnehmen und die Folie entfernen. Avocadoscheiben auf dem Gemüse verteilen und mit Limettensaft beträufeln. Nochmals abschmecken und mit Koriander garnieren.

TIPP:

Eine Prise Zimt gleicht das rauchige Aroma des Chilipulvers aus und passt perfekt zu Süßkartoffeln. Ihr werdet nie mehr darauf verzichten wollen, wenn ihr es erst einmal probiert habt!

Champignons & Bohnen

in Thymian-Sahne

REICHLICH FÜR 2 PERSONEN

1 Knoblauchzehe, halbiert

200 g kleine weiße Champignons, geputzt

Sonnenblumenöl zum Beträufeln

250 ml Sojasahne

1 Zweig Thymian

400 g Cannellini-Bohnen (aus der Dose; alternativ weiße Bohnen), abgetropft und abgespült

Meersalz und schwarzer Pfeffer aus der Mühle

1 kleine Handvoll glatte Petersilie, frisch geschnitten

Hier werden erdige Pilze im Ofen gebacken, sodass sich ihr Aroma entfaltet, und anschließend in Thymian-Sahne gegart. Dieses einfache Abendessen ist wohltuend, wärmend und sättigend. Serviert es mit getoastetem Sauerteigbrot.

Den Backofen auf 200 °C (Umluft) vorheizen.

Eine Auflaufform mit Knoblauch einreiben, danach die Zehe entsorgen. Champignons in die Form geben, mit etwas Sonnenblumenöl beträufeln und 15 Minuten im Ofen backen.

Die Form vorsichtig herausnehmen und Sojasahne zugießen. Den Thymianzweig hinzufügen und die Bohnen untermischen. Alles lose mit Alufolie abdecken und nochmals für 20 Minuten in den Ofen stellen.

Die Form herausnehmen und die Pilze großzügig mit Salz und Pfeffer würzen. Vor dem Servieren mit Petersilie garnieren.

TIPP:

Sollte etwas übrig bleiben, einfach den Thymianzweig entfernen und die Reste mit Gemüsebrühe pürieren. Schon habt ihr eine köstliche Suppe für den nächsten Tag.

Vegane Würstchen mit Äpfeln & Brombeeren

6 vegane Bratwürstchen

6 neue Kartoffeln, geviertelt

2 kleine Äpfel, halbiert

1 große Handvoll Brombeeren

1 kleine rote Zwiebel, fein gehackt

1 Prise getrockneter Salbei

Sonnenblumenöl zum Beträufeln

Meersalz und schwarzer Pfeffer aus der Mühle

FÜR 2 PERSONEN

Dieses simple Wohlfühlgericht eignet sich perfekt für stürmische Herbstabende. Ich liebe vegane Würstchen, die es inzwischen in verschiedenen Varianten gibt. Probiert einfach aus, welche euch am besten schmecken, und serviert sie als Hauptmahlzeit oder als Teil des Sonntagsessens.

Den Backofen auf 200 °C (Umluft) vorheizen.

Würstchen, Kartoffeln, Äpfel, Brombeeren und Zwiebeln in eine Bratreine geben.

Mit Salbei bestreuen und mit etwas Sonnenblumenöl beträufeln. Dann locker mit Alufolie abdecken.

20 Minuten im Ofen backen, dann die Folie vorsichtig entfernen und weitere 10 Minuten backen, bis die Würstchen oben goldbraun werden.

Aus dem Ofen nehmen und vor dem Servieren kräftig mit Salz und Pfeffer würzen.

TIPP:

Als Variante den Apfel durch Birnen, feine Kürbisspalten oder Pflaumen ersetzen.

Toad-in-the-Hole-Pie

FÜR 4 PERSONEN

8 vegane Bratwürstchen

2 kleine rote Zwiebeln, geviertelt

Sonnenblumenöl zum Beträufeln

1 Rolle Fertig-Blätterteig (milchfrei; aus dem Kühlregal)

1 gute Prise getrockneter Salbei

Meersalz und schwarzer Pfeffer aus der Mühle

Der britische Klassiker in knusprigem Blätterteig – was könnte es Besseres geben? Serviert diese deftige Bratwurst-Pie als Alltagsessen oder am Sonntag mit Beilagen, es wird ein echter Renner sein. Reicht dazu nach Belieben vegane Bratensauce und gedämpftes Gemüse.

Den Backofen auf 200 °C (Umluft) vorheizen.

Die Würstchen mit den Zwiebeln in eine Bratreine legen. Mit etwas Sonnenblumenöl beträufeln und für die Hälfte der angegebenen Garzeit, meist etwa 10–15 Minuten, im Ofen backen (siehe Angabe auf der Würstchenpackung).

Aus dem Ofen nehmen und Würstchen und Zwiebeln auf einen Teller legen, die Reine ein paar Minuten abkühlen lassen. Den Backofen nicht ausschalten.

Die Bratreine mit Backpapier auslegen. Blätterteig ausrollen und hineinlegen. Die Kanten 1 cm einschlagen und etwas andrücken. Die Würstchen gleichmäßig auf dem Boden verteilen. Mit einem Messer den Teig um die Würstchen herum etwas einritzen. Mit gerösteten Zwiebeln und Salbei bestreuen.

Die Pie 12–15 Minuten backen, bis sie goldgelb ist und aufgeht. Aus dem Ofen nehmen und mit Meersalz und Pfeffer würzen.

TIPP::

Fertiger Blätterteig ist oft für Veganer geeignet, weil dafür Pflanzenöl statt Butter verwendet wird. Prüft trotzdem vor dem Kauf immer die Zutatenliste.

Nudelauflauf alla puttanesca

FÜR 2 PERSONEN

200 g Penne (ohne Ei)

500 g passierte Tomaten

1 Prise Zucker

1 Knoblauchzehe, in sehr feine Scheiben geschnitten

1 Prise Chiliflocken

1 Handvoll schwarze Oliven ohne Stein, in Scheiben geschnitten

1 gehäufter TL Kapern, abgetropft

4 getrocknete Tomaten in Öl (aus dem Glas), abgetropft und grob gehackt

2 EL geriebener veganer Hartkäse

Meersalz und schwarzer Pfeffer aus der Mühle

1 kleine Handvoll Basilikumblätter

Dies ist zwar nicht die traditionelle Zubereitungsart für Pasta alla puttanesca, aber wer kann schon einem unkomplizierten Nudelauflauf widerstehen? Die Pasta muss hier nicht vorgekocht werden, sondern wird einfach nur in heißem Wasser eingeweicht, sodass sie zum Schluss al dente ist und die Sauce besonders samtig macht.

Den Backofen auf 180 °C (Umluft) vorheizen.

Nudeln in ein hitzebeständiges Gefäß geben und mit kochendem Wasser bedecken. 5 Minuten ziehen lassen, dann das Wasser abgießen.

Passierte Tomaten, Zucker, Knoblauch, Chiliflocken, Oliven, Kapern und getrocknete Tomaten in einer Auflaufform mit 100 ml Wasser verrühren.

Nudeln hinzufügen und sorgfältig untermischen. Die Form lose mit Alufolie abdecken und den Auflauf 40 Minuten im Ofen backen.

Vorsichtig herausnehmen und die Folie entfernen. Den Auflauf mit Käse bestreuen und nochmals 5 Minuten im Ofen backen.

Herausnehmen, mit Salz und Pfeffer würzen und kurz vor dem Servieren mit Basilikum bestreuen.

TIPP:

Nehmt für dieses Gericht eure Lieblingsnudelsorte. Man kann diesen Auflauf auch zur Hälfte mit Penne und zur Hälfte mit Fusilli zubereiten, und auf diese Weise Reste aus dem Vorratsregal aufbrauchen.

Zucchiniröllchen

mit Frischkäse & Spinat in Marinara-Sauce

REICHLICH FÜR 2 PERSONEN

500 g passierte Tomaten

1 Knoblauchzehe, in sehr feine Scheiben geschnitten

1 große Handvoll Basilikumblätter, frisch geschnitten

1 kleine Handvoll glatte Petersilie, frisch geschnitten

Meersalz und schwarzer Pfeffer aus der Mühle

2 große Zucchini, längs in sehr feine Scheiben gehobelt (siehe Tipp)

4 gehäufte EL veganer Frischkäse

natives Olivenöl extra

1 Handvoll Baby-Spinat, grob geschnitten

1 kleine Handvoll Schnittlauch, frisch geschnitten

Dieses Abendessen ist so elegant, dass man es auch Gästen servieren kann, und zugleich so unkompliziert, um es unter der Woche mit der Familie zu genießen. Nehmt für die Füllung eure Lieblingssorte veganen Frischkäse (gibt es in vielen Supermärkten).

Den Backofen auf 180 °C (Umluft) vorheizen.

Passierte Tomaten, Knoblauch, Basilikum und Petersilie in einer Auflaufform miteinander verrühren. Mit Salz und schwarzem Pfeffer würzen, dann mit Alufolie abdecken und 30 Minuten im Ofen backen.

Währenddessen die Zucchinischeiben für 15 Minuten zwischen Küchenpapier oder auf ein sauberes Küchentuch legen, damit ihnen überschüssige Feuchtigkeit entzogen wird.

In einer Schüssel Frischkäse, etwas Olivenöl, Spinat und Schnittlauch verrühren. Auf jeweils eine Seite der Zucchinischeiben etwas Frischkäsefüllung geben und mit einem Löffelrücken verstreichen.

Die Auflaufform aus dem Ofen nehmen und die Folie entfernen. Die Zucchinischeiben einrollen und vorsichtig nebeneinander in die heiße Sauce setzen.

30 Minuten im Ofen backen und vor dem Servieren mit Salz und Pfeffer abschmecken.

TIPP:

Die Zucchinischeiben müssen so fein sein, dass man sie gut aufrollen kann. Ich verwende dafür einen Sparschäler oder Gemüsehobel, denn mit einem Messer kann man sie nicht dünn genug schneiden.

Mediterraner Gnocchi-Auflauf

REICHLICH FÜR 2 PERSONEN

• ZUM EINFRIEREN GEEIGNET

500 g passierte Tomaten

1 große Handvoll Basilikumblätter, frisch geschnitten (ein paar kleine Blätter zum Garnieren aufbewahren)

1 Knoblauchzehe, in sehr feine Scheiben geschnitten

1 gelbe Paprikaschote, Kerngehäuse entfernt und in grobe Streifen geschnitten

1 Zucchini, längs halbiert und in Scheiben geschnitten

8 Kirschtomaten, halbiert

500 g Kartoffelgnocchi (ohne Ei)

6 TL veganer Frischkäse

Meersalz und schwarzer Pfeffer aus der Mühle

natives Olivenöl extra zum Beträufeln

Dieser herzhafte Gnocchi-Auflauf ist ein sommerliches, aber zugleich sättigendes Gericht. Ich liebe die milde, cremige Schicht aus veganem Frischkäse darauf. Serviert ihn nach Belieben mit knusprigem Brot oder Knoblauchbrot.

Den Backofen auf 200 °C (Umluft) vorheizen.

Passierte Tomaten, Basilikum und Knoblauch in einer Auflaufform miteinander verrühren, dann Paprikastreifen, Zucchini und Kirschtomaten hinzufügen.

Gnocchi dazugeben und die Form locker mit Alufolie abdecken. 30–35 Minuten im Ofen backen, bis die Gnocchi weich sind.

Die Form herausnehmen und die Folie entfernen. Frischkäse in teelöffelgroßen Portionen auf dem Auflauf verteilen und dabei sanft in die Sauce drücken. Mit Basilikumblättern garnieren und mit Salz und Pfeffer würzen. Mit etwas Olivenöl beträufeln und heiß servieren.

TIPP:

Fertig gekaufte Gnocchi sind ein unverzichtbarer Vorrat und perfekt, um eine reichhaltige Mahlzeit zuzubereiten, wenn man eine Alternative zu Pasta haben möchte. Probiert auch andere Geschmacksvarianten wie Kürbis oder Spinat aus, aber achtet darauf, dass sie kein Ei enthalten.

Ofen-Ratatouille

REICHLICH FÜR 2 PERSONEN

• ZUM EINFRIEREN GEEIGNET

1 EL Sonnenblumenöl

400 g gehackte Tomaten (aus der Dose)

1 EL Tomatenmark

1 TL getrockneter Oregano

½ TL getrocknete Kräutermischung

Meersalz und schwarzer Pfeffer aus der Mühle

4 Ochsenherztomaten, in 1 cm dicke Scheiben geschnitten

1 große rote Zwiebel, in 1 cm dicke Scheiben geschnitten

1 große Zucchini, in 1 cm dicke Scheiben geschnitten

1 große Aubergine, in 1 cm dicke Scheiben geschnitten

1 Handvoll kleine Basilikumblätter zum Garnieren

Diesen frischen Klassiker mag wirklich jeder, vor allem wenn er so leicht zuzubereiten ist. Außerdem sieht das Gericht in der Form serviert wirklich schön aus! Reicht dazu knuspriges Brot und vegane Butter sowie nach Belieben ein Glas Rotwein.

Den Backofen auf 180 °C (Umluft) vorheizen.

Öl, gehackte Tomaten, Tomatenmark, Oregano und Kräutermischung in einer kleinen, aber tiefen Auflaufform vermischen. Mit Salz und Pfeffer würzen.

Tomaten-, Zwiebel-, Zucchini- und Auberginenscheiben darauf aufrecht in Reihen einschichten, dabei nach Farben abwechseln.

1 Stunde im Ofen backen, bis das Gemüse weich und an den Rändern goldgelb ist. Mit Salz und Pfeffer würzen und vor dem Servieren mit Basilikumblättern garnieren.

TIPP:

Soll das Gericht für mehr Personen oder einen größeren Hunger reichen, noch 400 g abgetropfte und abgespülte weiße Bohnen (aus der Dose) unter die gehackten Tomaten mischen.

Harissa-Falafel-Auflauf

REICHLICH FÜR 2 PERSONEN

500 g passierte Tomaten

2 TL Harissapaste

1 gelbe Paprikaschote, Kerngehäuse entfernt und in dünne Streifen geschnitten

1 kleine rote Zwiebel, in dünne Scheiben geschnitten

1 kleine Zucchini, längs halbiert und quer in dünne Scheiben geschnitten

8 vegane Fertig-Falafels

Meersalz und schwarzer Pfeffer aus der Mühle

1 kleine Handvoll glatte Petersilie, frisch geschnitten

Tahini von guter Qualität zum Beträufeln

Dieser leicht scharfe Auflauf muss 30 Minuten backen und benötigt nur sehr wenig Vorbereitung. Um Zeit zu sparen, könnt ihr das Gemüse schon am Vortag schneiden und abgedeckt im Kühlschrank aufbewahren. Serviert den Auflauf heiß mit geröstetem Pitabrot und Hummus.

Den Backofen auf 200 °C (Umluft) vorheizen.

Passierte Tomaten in eine Auflaufform füllen und die Harissapaste unterrühren. Paprikastreifen, Zwiebel und Zucchini hinzufügen und die Form lose mit Alufolie abdecken. Das Gemüse 15 Minuten im Ofen backen.

Die Form vorsichtig herausnehmen und die Folie entfernen. Falafels hineingeben und noch einmal für 15 Minuten in den Ofen stellen, bis sie auf der Oberseite goldgelb sind.

Herausnehmen und mit Salz und Pfeffer würzen. Mit gehackter Petersilie bestreuen und mit etwas Tahini beträufeln.

TIPP:

Fertig gekaufte Falafels im Kühl- oder Gefrierschrank zu haben, ist praktisch, um ein schnelles Mittagessen, kleine Snacks und dieses köstliche Abendessen zu zaubern. Wenn sie etwas trocken oder krümelig sind, beträufelt sie einfach mit nativem Olivenöl extra. Achtet darauf, dass keine Eier oder Milchprodukte enthalten sind, die manchmal den Fertigprodukten beigemischt werden.

Auflauf nach marokkanischer Art

FÜR 4 PERSONEN

• ZUM EINFRIEREN GEEIGNET

2 gute EL Sonnenblumenöl

1 TL Harissapaste

1 TL gemahlener Kreuzkümmel

¼ TL gemahlene Kurkuma

1 kleiner Butternut-Kürbis, entkernt und in mundgerechte Würfel geschnitten

1 Süßkartoffel, geschält und in mundgerechte Stücke geschnitten

2 kleine rote Zwiebeln, geviertelt

1 Karotte, geschält und in Scheiben geschnitten

1 Handvoll getrocknete Aprikosen

1 unbehandelte Zitrone, geviertelt

400 g Kichererbsen (aus der Dose), abgetropft und abgespült

1 kleine Handvoll glatte Petersilie

Kerne von ½ Granatapfel

1 EL Pistazienkerne, grob gehackt

1 gute Prise Meersalz

Gewürze, Kräuter, Wurzelgemüse und Granatapfelkerne verbinden sich hier zu einem aromatischen Auflauf. Ich kombiniere diese Gemüsesorten gern für ein sättigendes Mittagessen, aber ihr könnt sie auch durch Aubergine, Blumenkohl und Kirschtomaten ersetzen. Serviert den Auflauf mit Couscous und 1 Löffel ungesüßtem Natur-Sojajoghurt.

Den Backofen auf 180 °C (Umluft) vorheizen.

Öl, Harissapaste, Kreuzkümmel und Kurkuma in einer Auflaufform verrühren. Kürbis, Süßkartoffel, Zwiebeln, Karotte und Aprikosen hinzufügen und alles sorgfältig vermischen. Zitronenspalten dazugeben und alles 30 Minuten im Ofen backen.

Die Form vorsichtig herausnehmen und Kichererbsen unterrühren. Dann wieder in den Ofen schieben und weitere 10 Minuten backen.

Den Auflauf herausnehmen, mit Petersilie, Granatapfelkernen und Pistazien bestreuen und mit Salz abschmecken.

Bild auf der nächsten Seite

TIPP:

Die Kerne aus der anderen Hälfte des Granatapfels könnt ihr für Orzo mit Kichererbsen & Oliven verwenden (siehe S. 92).

Auflauf nach
marokkanischer
Art

Orzo mit Kicher-erbsen & Oliven

REICHLICH FÜR 2 PERSONEN

• ZUM EINFRIEREN GEEIGNET

500 g passierte Tomaten

1 EL Harissapaste

1 TL getrockneter Oregano

1 Prise Zimtpulver

1 gute Prise Meersalz

4 EL Orzo-Nudeln (reisförmige Nudeln; ohne Ei)

400 g Kichererbsen (aus der Dose), abgetropft und abgespült

1 Handvoll grüne Oliven ohne Stein

Saft von ¼ Zitrone

1 kleine Handvoll glatte Petersilie, frisch geschnitten

Kerne von ½ Granatapfel

2 EL ungesüßter Natur-Sojajoghurt

Fruchtiger Granatapfel, herzhafte Oliven und nussige Kichererbsen – dieser Auflauf ist gehaltvoll und nahrhaft und erfordert nur sehr wenig Vorbereitung. Ein leckeres Gericht für eine Wohlfühl-Bowl.

Den Backofen auf 200 °C (Umluft) vorheizen.

Passierte Tomaten, Harissapaste, Oregano, Zimt und Salz in einer Auflaufform verrühren. Dann Orzo-Nudeln und Kichererbsen untermischen.

Die Form locker mit Alufolie abdecken und für 30 Minuten in den Ofen stellen. Dann die Folie entfernen, Oliven über den Auflauf streuen und nochmals 20 Minuten backen, bis die Nudeln gar sind.

Aus dem Ofen nehmen und mit Zitronensaft beträufeln. Petersilie und Granatapfelkerne darüberstreuen. Zum Servieren mit Sojajoghurt garnieren.

TIPP:

Orzo-Nudeln sind kleine, reisförmige Nudeln. Meist enthalten sie kein Ei und sind für Veganer geeignet, prüft aber vor dem Kauf immer zuerst die Zutatenliste.

Extras

Gebackener Knoblauch

2 große
Knoblauchknollen

Olivenöl zum Beträufeln

1 kleine Handvoll glatte
Petersilie, sehr fein
geschnitten

1 Prise Meersalz

REICHLICH FÜR 4 PERSONEN

• ZUM EINFRIEREN GEEIGNET

Nichts schmeckt so himmlisch wie gerösteter
Knoblauch auf warmem, knusprigem Brot.
Ich esse ihn gerne zu Mittag, als Snack oder
serviere ihn abends zu einem Salat. Ihr könnt
diesen Knoblauch auch mit veganer Mayonnaise pürieren, dann habt ihr eine köstliche
Knoblauch-Mayo.

Den Backofen auf 120 °C (Umluft) vorheizen.

Knoblauchknollen auf ein Backblech legen und
mit etwas Olivenöl beträufeln.

3 Stunden im Ofen backen. Dann herausnehmen und abkühlen lassen, bis man die Knollen
anfassen kann.

Die Stiele der Knollen abschneiden und den
weichen, gebackenen Knoblauch aus den Zehen
in eine kleine Schüssel drücken, die Schalen
entsorgen. Mit einer Gabel den weichen Knoblauch zerdrücken. Petersilie und Salz unterrühren und mit etwas Olivenöl beträufeln. Im
Kühlschrank aufbewahren und innerhalb von
2 Tagen verbrauchen.

TIPP:

Dieser Knoblauch muss genauso lange und bei
derselben Temperatur wie die Gerösteten
Tomaten (siehe S. 99) im Ofen garen. Bereitet
also beides zusammen zu, so spart ihr Energie
und Aufwand.

Croûtons mit schwarzem Pfeffer

FÜR 4 PERSONEN

2 dicke Scheiben altbackenes Brot, in gleich große Würfel geschnitten

2 TL Sonnenblumen- oder Olivenöl

Meersalz und schwarzer Pfeffer aus der Mühle

Croûtons kann man nicht nur über Suppen streuen! Mischt sie unter meinen Warmen Pfirsich-Basilikum-Salat (siehe S. 20), reicht sie als Alternative zu geröstetem Baguette oder dippt sie in Hummus.

Den Backofen auf 180 °C (Umluft) vorheizen.

Brotwürfel auf einem mit Backpapier belegten Backblech verteilen und mit Öl beträufeln. Großzügig mit Salz und Pfeffer würzen, dann 8–10 Minuten im Ofen backen, bis sie goldgelb und knusprig sind.

TIPP:

Wenn man diese Croûtons nach dem Backen vollständig abkühlen lässt, halten sie sich bis zu 3 Tage in einer luftdicht verschlossenen Dose.

Geröstete Tomaten

300 g Snacktomaten oder Kirschtomaten, halbiert

Olivenöl zum Beträufeln

Meersalz und schwarzer Pfeffer aus der Mühle

FÜR 4 PERSONEN

• ZUM EINFRIEREN GEEIGNET

Diese schonend gerösteten Tomaten passen perfekt auf einen Toast, ergänzen mit ihrem schmackhaften Aroma einen Salat oder schmecken auch mit Oliven, knusprigem Brot und Balsamicoessig einfach köstlich.

Den Backofen auf 120 °C (Umluft) vorheizen.

Tomatenhälften nebeneinander mit den Schnittflächen nach oben auf ein mit Backpapier belegtes Backblech legen. Mit etwas Olivenöl beträufeln und 3 Stunden im Ofen backen, bis sich die Haut zusammenzieht.

Herausnehmen und mit Salz und Pfeffer würzen.

Bild auf der nächsten Seite

TIPP:

Snack- oder Kirschtomaten entfalten beim Rösten ihr süßes, reichhaltiges Aroma. Probiert aber auch andere, ältere Sorten aus, besonders solche in verschiedenen Farben.

Geröstete
Tomaten

Tomaten-Bruschetta mit Balsamico

FÜR 4 PERSONEN

300 g Kirschtomaten, nach Möglichkeit an den Rispen

½ rote Zwiebel, halbiert und in dünne Streifen geschnitten

2 EL Balsamicoessig von guter Qualität

Olivenöl

1 kleines Baguette, halbiert und die Hälften längs halbiert

1 Handvoll Basilikumblätter

Meersalz und schwarzer Pfeffer aus der Mühle

Bei diesem italienischen Klassiker werden geröstete Kirschtomaten und rote Zwiebeln für eine besonders würzige Note mit Balsamicoessig glasiert. Serviert die Bruschetta als Vorspeise oder Mittagessen – oder genießt sie einfach als Snack.

Den Backofen auf 200 °C (Umluft) vorheizen.

Kirschtomaten und Zwiebelstreifen auf ein mit Backpapier belegtes Blech legen und mit Balsamicoessig und etwas Olivenöl beträufeln. 15 Minuten im Ofen backen, bis die Tomaten anfangen aufzuplatzen und die Zwiebel weich ist.

Baguettestücke in den letzten 5 Minuten mit in den Ofen legen und erwärmen.

Das warme Brot herausnehmen und auf Servierteller legen. Die heißen Tomaten und Zwiebeln darauf verteilen und mit Basilikum bestreuen. Mit Salz und Pfeffer würzen.

TIPP:

Diese Bruschetta kann man heiß oder kalt genießen. Wenn man sie kalt essen möchte, Tomaten und Zwiebeln einfach wie beschrieben zubereiten und auf Raumtemperatur abkühlen lassen. Am gleichen Tag servieren.

Knusprige Kichererbsen

mit Chili & Limette

REICHLICH FÜR 2 PERSONEN
ALS SNACK

400 g Kichererbsen
(aus der Dose),
abgetropft und
abgespült

2 EL Sonnenblumenöl

1 ½ TL geräuchertes
Paprikapulver

½ TL mildes Chilipulver

1 Prise getrockneter
Oregano

1 Prise Light Brown
Soft Sugar (aus dem
Asialaden) oder
Vollrohrzucker

1 gute Prise Meersalz

Abrieb von
½ unbehandelten
Limette

Wenn mal die Snackvorräte ausgehen sollten, keine Panik, diese knusprigen Kichererbsen retten den Tag. Man braucht dafür nur wenige Zutaten aus dem Vorratsregal! Sowohl Erwachsene als auch Kinder können den Snack prima in Lunchboxen für unterwegs mitnehmen.

Den Backofen auf 200 °C (Umluft) vorheizen.

Kichererbsen auf einem sauberen, trockenen Küchentuch oder Küchenpapier ausbreiten und so viel Feuchtigkeit wie möglich abtupfen. Dabei möglichst fest drücken, um ihre äußere Haut zu entfernen; so werden sie beim Rösten knuspriger.

Kichererbsen auf ein mit Backpapier belegtes Blech geben und mit Sonnenblumenöl vermischen. Paprikapulver, Chilipulver, Oregano, Zucker und Meersalz hinzufügen und alles sorgfältig vermengen. Anschließend Limettenabrieb unterrühren und die Kichererbsen 15 Minuten im Ofen rösten.

Dann das Blech vorsichtig rütteln, um die Kichererbsen zu wenden. Noch einmal 15–18 Minuten knusprig rösten. Etwas abkühlen lassen und warm oder zimmerwarm servieren.

TIPP:

Die Kichererbsen in einer luftdicht verschlossenen Dose aufbewahren, damit sie knusprig bleiben.

Würzige Schwarzkohl-Chips

2 TL Sonnenblumenöl

1 TL helle Sojasauce

1 Prise chinesisches Fünf-Gewürze-Pulver

1 Prise Chiliflocken

4 große Blätter Cavolo nero (auch als Schwarzkohl oder Palmkohl bekannt), harte Stiele entfernt und in 4 cm große Stücke geschnitten

REICHLICH FÜR 2 PERSONEN

Cavolo nero oder auch Schwarzkohl ist ein dunkler Verwandter des Grünkohls, er ist sehr aromatisch und hat eine angenehme Textur. Er schmeckt köstlich als Snack, über Suppen gestreut oder als Beilage zu chinesischen Gerichten.

Den Backofen auf 180 °C (Umluft) vorheizen.

In einer Schüssel Sonnenblumenöl, Sojasauce, Fünf-Gewürze-Pulver und Chiliflocken verrühren.

Cavolo nero hinzufügen und sorgfältig unterheben. Überschüssiges Öl von den Blättern abschütteln und diese auf ein Backblech legen. 10–12 Minuten im Ofen backen, bis sie knusprig sind.

TIPP:

Diese Chips können warm oder kalt genossen werden. In einem luftdicht verschlossenen Gefäß halten sie sich bis zu 2 Tage.

Zatar-Pita-Chips

REICHLICH FÜR 2 PERSONEN

2 helle Pitabrote, in gleich große Dreiecke geschnitten

1 EL Sonnenblumenöl

¼ TL Zatar (orientalische Gewürzmischung)

1 Prise Chiliflocken

1 Prise Meersalz

Dippt diese knusprigen Chips in euren Lieblings-Hummus oder genießt sie als kleinen Snack zu Mittag. Zatar (auch Za'atar) ist eine Gewürzmischung aus dem Mittleren Orient, die man auch hier in den meisten großen Supermärkten erhält. Esst diese Pita-Chips frisch oder bewahrt sie bis zu 3 Tage in einer luftdicht verschlossenen Dose auf.

Den Backofen auf 180 °C (Umluft) vorheizen.

Pita-Dreiecke auf ein mit Backpapier belegtes Blech legen und mit einem Backpinsel von beiden Seiten dünn mit Öl bestreichen.

Mit Zatar und Chiliflocken bestreuen und 8–10 Minuten im Ofen backen, bis sie goldgelb und knusprig sind.

Aus dem Ofen nehmen und mit Meersalz würzen. Heiß oder zimmerwarm servieren.

Bild auf der übernächsten Seite

TIPP:

Mit diesem Rezept kann man prima Reste von Pitabrot verwerten, auch wenn sie schon nicht mehr ganz frisch sind.

Karotten-Dip
mit Ahornsirup

REICHLICH FÜR 4 PERSONEN
• ZUM EINFRIEREN GEEIGNET

300 g Karotten, geschält und grob in kleine Stücke gehackt

Sonnenblumenöl zum Beträufeln

2 EL Ahornsirup

1 Prise Chiliflocken

Saft von ½ Zitrone

1 kleine Handvoll Koriandergrün, frisch geschnitten

1 gute Prise Meersalz

Dieser Karotten-Dip aus dem Ofen ist eine frischere, leichtere Alternative zu Hummus. Ahornsirup, Chili und Zitrone peppen die schlichten Karotten in diesem unkomplizierten Dip ordentlich auf. Serviert ihn mit Zatar-Pita-Chips (linke Seite).

Den Backofen auf 200 °C (Umluft) vorheizen.

Karotten in eine Bratreine geben und mit etwas Sonnenblumenöl beträufeln. Ahornsirup und Chiliflocken darüber verteilen.

18–20 Minuten im Ofen backen, bis die Karotten weich sind. Die Form vorsichtig aus dem Ofen nehmen.

Karotten etwas abkühlen lassen, dann in eine Schale geben. Zitronensaft hineinträufeln und mit einer Gabel zu grobem Püree zerdrücken. Gehackten Koriander unterrühren und mit Salz würzen.

Bild auf der nächsten Seite

TIPP:

Ich liebe diesen etwas gröberen Dip wegen seiner rustikalen Textur. Wenn ihr ihn lieber glatter haben möchtet, püriert die gebackenen Karotten mit dem Zitronensaft einfach in einem Mixer und fügt danach den Koriander und das Meersalz hinzu.

Zatar-Pita-Chips
und Karotten-Dip
mit Ahornsirup

Fenchel-
Cracker

FÜR 4 PERSONEN

150 g Mehl, plus mehr
zum Bestäuben

1 TL Meersalz

½ TL Light Brown
Soft Sugar (aus dem
Asialaden) oder
Vollrohrzucker

1 gehäufter TL
Fenchelsamen

2 EL Sonnenblumenöl

Diese knusprigen Cracker lassen sich ohne
großen Aufwand herstellen – sie sind perfekt
als Snack, wann immer man Lust darauf hat.
Verwendet dieses Rezept als Grundrezept für
weitere Cracker-Variationen und tauscht die
Fenchelsamen gegen fein gehackten frischen
Salbei, Rosmarin oder geschroteten schwarzen Pfeffer aus. Mit Gebackenem Knoblauch
(siehe S. 96) und einer Scheibe veganem Käse
servieren.

TIPP:

Einfacher geht es, wenn man den Teig nicht mit
einem Messer, sondern mit einem Pizzaschnei-
der zerteilt.

Den Backofen auf 200 °C (Umluft) vorheizen
und ein Backblech mit Backpapier auslegen.

Mehl, Salz, Zucker und Fenchelsamen in einer
Schüssel sorgfältig vermischen. In der Mitte
eine Mulde formen und Öl sowie 80 ml Wasser
hineingießen. Dann zu einem glatten Teig ver-
kneten.

Eine saubere Arbeitsfläche mit etwa 1 EL Mehl
bestäuben und den Teig darauf 5 mm dick ausrollen. In kleine Quadrate schneiden und auf das
Backblech legen, dabei etwas Abstand dazwi-
schen lassen, weil sie noch ein wenig aufgehen.
Alternativ den Teig als ganzes Teigstück auf das
Blech legen.

13–15 Minuten im Ofen backen, bis er goldbraun
ist. Herausnehmen und vollständig abkühlen
lassen, damit die Cracker besonders knusprig
werden. Wenn sie im Ganzen gebacken wurden,
nach dem Auskühlen in Stücke brechen.

Gebackene Radieschen

mit Petersilienbutter

200 g Radieschen, nach
Belieben halbiert

Sonnenblumenöl zum
Beträufeln

1 EL vegane Butter

1 kleine Handvoll
glatte Petersilie, frisch
geschnitten

Meersalz und schwarzer
Pfeffer aus der Mühle

FÜR 2 PERSONEN

Rohe Radieschen haben ein scharfes, würziges
Aroma und eine knackige Textur. Wenn man sie
aber im Ofen backt, verwandeln sich scharfe
Aromen wie von Zauberhand in süße, milde.
Serviert sie warm mit frischen Salatblättern
oder als außergewöhnliche Gemüsebeilage zum
Sonntagsessen.

Den Backofen auf 180 °C (Umluft) vorheizen.

Radieschen in eine Bratreine legen und mit
etwas Sonnenblumenöl beträufeln.

20 Minuten im Ofen backen, dann die Form vorsichtig herausnehmen. Vegane Butter in kleinen
Flöckchen zwischen den Radieschen verteilen
und Petersilie darüberstreuen. Erneut 5 Minuten
backen, bis die Butter geschmolzen ist.

Aus dem Ofen nehmen und kräftig mit Salz und
Pfeffer würzen.

TIPP:
Dieses Rezept lässt sich leicht vervielfachen,
wenn mehrere Gäste kommen.

Rustikale
Kartoffelecken

FÜR 4 PERSONEN

4 große Kartoffeln,
sauber gebürstet und
in gleich große Spalten
geschnitten

1 EL Sonnenblumenöl

1 TL Cajun-
Gewürzmischung

1 Prise geräuchertes
Paprikapulver

1 gute Prise Meersalz

**Rustikale, ungeschälte Kartoffelecken sind die
ultimative Beilage, und sie passen perfekt zu
den leckeren Pilz-Burgern (siehe S. 60). Aber
auch als Late-Night-Snack echtes Soulfood.**

Den Backofen auf 200 °C (Umluft) vorheizen.

Kartoffelspalten in eine große Bratreine geben
und gründlich mit Sonnenblumenöl, Cajun-
Gewürz und geräuchertem Paprikapulver
mischen.

30–35 Minuten im Ofen goldbraun backen.
Zum Servieren mit Meersalz bestreuen.

TIPP:

Cajun-Gewürzmischung gibt es in großen
Supermärkten. Es kann auch durch mildes Chilipulver und 1 Prise getrockneten Thymian ersetzt
werden.

Gebackene Maiskolben

FÜR 6 PERSONEN

6 gehäufte TL vegane Butter

1 große Knoblauchzehe, zerdrückt

1 kleine Handvoll glatte Petersilie, frisch geschnitten

Abrieb von ½ unbehandelten Zitrone

1 gute Prise Meersalz

6 Maiskolben

Durch ihren frischen, süßen, buttrigen Geschmack sind Maiskolben das perfekte Wohlfühlessen für jede Jahreszeit. Wickelt sie vor dem Backen in Alufolie, damit ihr diese aromatischen Köstlichkeiten ohne großen Aufwand genießen könnt.

Den Backofen auf 200 °C (Umluft) vorheizen.

In einer kleinen Schale vegane Butter, Knoblauch, Petersilie, Zitronenabrieb und Meersalz vermischen.

Sechs Stücke Alufolie so groß zurechtschneiden, dass die Maiskolben darin eingewickelt werden können. Die Kolben jeweils mittig auf die Folie legen und gleichmäßig mit der Kräuterbutter bestreichen, dabei etwas davon zurückbehalten. Die Folie fest um die Maiskolben wickeln.

Die eingepackten Maiskolben auf ein Backblech legen und 30–35 Minuten im Ofen backen, bis sie weich sind.

Die Alufolie öffnen und die Kolben 1–2 Minuten unter dem heißen Backofengrill rösten, bis sie anfangen, dunkel zu werden. Mit restlicher Butter bestreichen und servieren.

TIPP::

Die Knoblauchbutter kann schon bis zu 2 Tage vorher zubereitet und im Kühlschrank aufbewahrt werden.

Süß-klebriger Tofu aus dem Ofen

3 gehäufte EL Orangenmarmelade

2 EL helle Sojasauce

1 EL Sonnenblumenöl

1 Prise Chiliflocken

400 g fester Tofu, abgetropft und gepresst (siehe Tipp auf S. 68)

½ EL Sesamsamen

2 Frühlingszwiebeln, in feine Ringe geschnitten

1 kleine Handvoll Koriandergrün, grob zerpflückt

FÜR 4 PERSONEN

Dieser leckere Tofu wird nicht in der Pfanne gebraten, sondern im Ofen gebacken. Er ist ganz einfach zuzubereiten und schmeckt köstlich! Serviert ihn als Beilage zu chinesischen Menüs oder als einfaches Abendessen mit Basmatireis.

Den Backofen auf 180 °C (Umluft) vorheizen.

Marmelade, Sojasauce, Sonnenblumenöl und Chiliflocken in einer Schale verrühren.

Tofu der Länge nach dreimal durchschneiden, sodass drei dünne Tofuscheiben entstehen. Jede Scheibe in gleich große Dreiecke schneiden.

Die Dreiecke in die Marmeladenglasur tauchen, sodass sie großzügig damit benetzt sind. In eine Bratreine legen und im Ofen 35–40 Minuten backen, bis die Glasur einreduziert ist.

Aus dem Ofen nehmen und mit Sesamsamen, Frühlingszwiebeln und Koriander bestreuen.

TIPP:

Die Marmeladenglasur kann bis zu 2 Tage im Voraus zubereitet und im Kühlschrank aufbewahrt werden.

Lockerer Kokosreis

500 g heller Basmatireis

2 EL Kokosraspel

400 ml Kokosmilch (Vollfettstufe; aus der Dose)

1 Prise Meersalz (nach Belieben)

FÜR 4 PERSONEN ALS BEILAGE

• ZUM EINFRIEREN GEEIGNET

Wenn Reiskochen immer eine Herausforderung für euch bleiben wird, lasst doch den Ofen diese Arbeit erledigen! Durch das Abdecken der Form kann der Dampf zirkulieren – das Resultat ist superlockerer Reis.

Den Backofen auf 180 °C (Umluft) vorheizen.

Reis und Kokosraspel in eine Auflaufform geben.

Kokosmilch und 600 ml heißes Wasser dazugießen. Umrühren, damit sich alles gleichmäßig verteilt, und die Form mit Alufolie abdecken.

30–35 Minuten im Ofen backen, bis der Reis gar und locker ist. Nach Belieben mit Salz würzen.

TIPP:

Für Pilaw-Reis anstelle von Kokosmilch 1 l heißes Wasser verwenden und 1 Zimtstange, 2 Lorbeerblätter und ½ TL gemahlene Kurkuma dazugeben.

Wirsing-Rouladen

FÜR 4 PERSONEN ALS BEILAGE

200 g vorgegarter Basmatireis (siehe Tipp)

30 g Minzeblätter, frisch geschnitten

1 große Handvoll Dill, frisch geschnitten

1 große Handvoll glatte Petersilie, frisch geschnitten

1 Handvoll Schnittlauch, frisch geschnitten

Saft von 1 Zitrone

natives Olivenöl extra

1 gute Prise Meersalz (nach Belieben)

8–10 Wirsingblätter, harte Stielenden entfernt

Dieses einfache Gericht duftet herrlich, ist frisch und sättigend. Es schmeckt köstlich zu einem orientalischen Festessen, aber auch einzeln als Snack. Es hält sich bis zu 2 Tage im Kühlschrank.

Den Backofen auf 180 °C (Umluft) vorheizen.

Reis in eine große Schüssel geben und mit Minze, Dill, Petersilie und Schnittlauch vermischen. Zitronensaft und etwas Olivenöl sorgfältig unterrühren. Nach Belieben mit Salz würzen.

Wirsingblätter auf der Arbeitsfläche ausbreiten. 1 gehäuften EL Kräuterreis mittig auf ein Blatt geben und die langen Seiten zur Mitte hin einschlagen. Dann von unten fest aufrollen, sodass ein kleines Päckchen entsteht. Die Roulade mit der Nahtseite nach unten in eine Auflaufform legen. Den Vorgang wiederholen, bis alle Blätter gefüllt sind und dicht nebeneinander in der Form liegen. Mit 200 ml kochendem Wasser übergießen, lose mit Alufolie abdecken und für 30 Minuten in den Ofen stellen.

Vorsichtig herausnehmen und vor dem Servieren ein paar Minuten ruhen lassen.

TIPP:

Nehmt vorgegarten Reis aus dem Supermarkt oder gebt einfach 100 g hellen Basmatireis in einen Topf mit Wasser und lasst ihn 10–12 Minuten leise köcheln. Vor der weiteren Verwendung abkühlen lassen, damit er im Ofen nicht klebrig wird. Bei diesem Rezept könnt ihr auch prima Reisreste aufbrauchen.

Bombay-Kartoffeln

FÜR 4 PERSONEN ALS BEILAGE

• ZUM EINFRIEREN GEEIGNET

400 g gehackte Tomaten (aus der Dose)

1 EL milde Currypaste (milchfrei)

1 Prise gemahlene Kurkuma

1 Prise gemahlener Kreuzkümmel

Meersalz und schwarzer Pfeffer aus der Mühle

1 rote Chilischote, in feine Ringe geschnitten

700 g neue Kartoffeln, halbiert oder geviertelt

200 g Kirschtomaten

1 Handvoll Koriandergrün, grob zerpflückt

Dieses Rezept mit den herrlich duftenden und würzigen Kartoffeln ist die Ofenvariante eines echten Klassikers. Ich verwende hierfür gerne neue Kartoffeln, weil sie ein erdiges Aroma und eine zarte, knusprige Schale haben. Serviert sie als Beilage zu Apfel-Ingwer-Dal (siehe S. 64).

Den Backofen auf 200 °C (Umluft) vorheizen.

Gehackte Tomaten, Currypaste, Kurkuma, Kreuzkümmel, Salz, Pfeffer sowie die Hälfte der klein geschnittenen Chilischote in einer großen Auflaufform vermischen.

Halbierte Kartoffeln hinzugeben, vermengen und locker mit Alufolie abdecken. 30 Minuten im Ofen backen, dann die Folie abnehmen. Kirschtomaten hinzufügen und alles erneut 30 Minuten backen, bis die Kartoffeln goldbraun sind.

Aus dem Ofen nehmen, mit der restlichen Chilischote sowie Koriander bestreuen und mit Salz und Pfeffer abschmecken. Heiß oder kalt servieren.

TIPP:

Die Kartoffeln halten sich in einer luftdicht verschlossenen Dose im Kühlschrank bis zu 3 Tage.

Kartoffelgratin nach französischer Art

3 Kartoffeln, geschält
und in sehr dünne
Scheiben geschnitten

200 ml Sojasahne

200 ml ungesüßter
Sojadrink

½ TL frisch gehackte
Thymianblättchen

1 Knoblauchzehe,
zerdrückt

1 Prise geriebene
Muskatnuss

Meersalz und schwarzer
Pfeffer aus der Mühle

FÜR 4 PERSONEN ALS BEILAGE

Für dieses klassische und überraschend einfache Rezept werden Kartoffelscheiben in einer cremigen Sauce mit den intensiven Aromen von Thymian, Knoblauch und Muskatnuss gebacken. Das Gratin ist die perfekte Beilage für Rotwein-Kürbis (siehe S. 54) oder eine raffinierte Alternative zu Kartoffelpüree mit veganen Würstchen.

Den Backofen auf 200 °C (Umluft) vorheizen.

Kartoffelscheiben mit Küchenpapier oder einem sauberen Küchentuch abtupfen und überschüssige Feuchtigkeit entfernen. Dann in drei Schichten in einer Auflaufform verteilen.

In einem Rührbecher Sojasahne und -drink, Thymian, Knoblauch und Muskat verquirlen.

Die cremige Sauce über die Kartoffeln gießen. Die Form locker mit Alufolie abdecken und das Gratin 75 Minuten im Ofen backen.

Anschließend die Folie entfernen und noch einmal 15 Minuten backen.

Aus dem Ofen nehmen und vor dem Servieren kräftig mit Salz und Pfeffer würzen.

TIPP:

Für dieses Rezept am besten frischen Thymian verwenden, denn er ist aromatischer und duftet intensiver als getrockneter. Einfach mit Daumen und Zeigefinger von oben nach unten über einen Thymianzweig streichen, so lassen sich die Blättchen leicht abstreifen.

Gefüllte Nachos
mit Schnittlauch-Mayonnaise

FÜR 4 PERSONEN

4 helle Tortilla-Wraps, in Dreiecke geschnitten

2 EL Sonnenblumenöl

1 Prise geräuchertes Paprikapulver

100 g mild-würziger veganer Käse, gerieben

200 g schwarze Bohnen (aus der Dose), abgetropft und abgespült

4 Kirschtomaten, in Scheiben geschnitten

1 grüne Chilischote, in feine Ringe geschnitten

2 kleine Gewürzgurken, in Scheiben geschnitten

1 Handvoll Schnittlauch, frisch geschnitten

2 gute EL gekühlte vegane Mayonnaise

1 Prise Meersalz (nach Belieben)

1 Avocado, geschält, entsteint und fein gehackt

Der perfekte Dip zu diesen knusprigen, käsigen und würzigen Nachos ist eine kühle Schnittlauch-Mayonnaise. Dieses Gericht eignet sich optimal als Vorspeise zu einem mexikanischen Abendessen, kann aber auch als köstlicher Snack zu Drinks gereicht werden.

Den Backofen auf 180 °C (Umluft) vorheizen.

Tortilla-Dreiecke auf zwei Backbleche legen, Sonnenblumenöl darüberträufeln und gleichmäßig verstreichen. Mit geräuchertem Paprikapulver bestreuen und 5 Minuten im Ofen knusprig backen.

Herausnehmen und mit geriebenem Käse, Bohnen, Tomaten, Chiliringen und Gurkenscheiben belegen. Dann noch einmal 3–4 Minuten im Ofen backen, bis der Käse zu schmelzen beginnt.

Währenddessen in einer kleinen Schale Schnittlauch und Mayonnaise verrühren. Nach Belieben mit Salz würzen.

Die Nachos aus dem Ofen nehmen und auf einen Servierteller legen. Mit gehackter Avocado bestreuen und zusammen mit der Schnittlauch-Mayonnaise servieren.

TIPP:

Wenn ihr keine schwarzen Bohnen bekommt, könnt ihr stattdessen auch Kidneybohnen oder grüne Linsen aus der Dose nehmen.

Rustikale Rösti-Taler

FÜR 4 PERSONEN

2 EL Sonnenblumenöl

2 Kartoffeln, sauber gebürstet

2 Frühlingszwiebeln, fein gehackt

Meersalz und schwarzer Pfeffer aus der Mühle

Rösti werden meist mit fettiger Hausmannskost in Verbindung gebracht. Außen knusprig und innen weich, sind sie perfekt für einen veganen Brunch oder zum Mittagessen. Auch ohne sie zu braten, sind diese Rösti außen kross und ein richtiges Wohlfühlessen.

TIPP:

Die Kartoffeln müssen nicht geschält werden. Einfach gründlich schrubben, trocken tupfen und raspeln.

Den Backofen auf 180 °C (Umluft) vorheizen. Öl auf ein Backblech träufeln und in den Ofen stellen, während die Kartoffeln vorbereitet werden.

Kartoffeln auf ein sauberes, trockenes Küchentuch raspeln, dieses zusammenknüllen und so viel Flüssigkeit wie möglich ausdrücken. Die Kartoffelraspel in eine Schüssel geben.

Frühlingszwiebeln unter die Kartoffeln mischen und kräftig mit Salz und Pfeffer würzen.

Mit den Händen aus jeweils 2 EL der Kartoffelmasse Taler formen. Alternativ für eine schönere Form Speiseringe verwenden.

Das heiße Blech aus dem Ofen nehmen und mit einem Pfannenwender die Rösti auf das heiße Öl setzen. Im Ofen 20 Minuten backen, dann herausnehmen und vorsichtig wenden. Nochmals 15–20 Minuten backen, bis sie goldgelb und außen knusprig sind.

Herbstliche Bratäpfel

FÜR 4 PERSONEN

2 gehäufte EL Sultaninen

1 gehäufter EL getrocknete Cranberrys

1 EL grob gehackte Pekannusskerne

1 Prise Zimtpulver

1 Prise geriebene Muskatnuss

2 EL Ahornsirup

4 große rote Äpfel, Kerngehäuse entfernt

Lasst den Duft von Zimt und Ahornsirup in eurer Küche einziehen und genießt diese Bratäpfel an den kühler werdenden Abenden im Herbst. Serviert die Bratäpfel mit veganem Vanilleeis und ein paar Brombeeren.

Den Backofen auf 180 °C (Umluft) vorheizen.

Sultaninen, Cranberrys, Pekannusskerne, Zimt, geriebene Muskatnuss und Ahornsirup in einer Schüssel verrühren.

Ausgehöhlte Äpfel aufrecht in eine kleine Auflaufform setzen und großzügig mit der Sultaninenmischung füllen. Dann die Form locker mit Alufolie abdecken und für 25 Minuten in den Ofen stellen.

Vorsichtig die Folie entfernen und die Äpfel noch weitere 5 Minuten backen, bis die Füllung Blasen wirft und die Äpfel weich sind

TIPP:

Kinder freuen sich, wenn sie bei der Zubereitung dieses einfachen Desserts helfen können, vor allem, wenn sie die Cranberry-Pekannuss-Füllung mischen und die ausgehöhlten Äpfel damit füllen dürfen (die Kerngehäuse sollten von einem Erwachsenen ausgestochen werden oder sie sollten den Kindern zumindest dabei helfen!).

Gebackene Haferflocken-Nester

mit Kokosjoghurt und Mango

ERGIBT 6 STÜCK

Sonnenblumenöl für die Form

1 reife Banane, geschält

2 EL Ahornsirup

1 Prise Zimtpulver, plus mehr zum Garnieren

100 g kernige Haferflocken

6 EL dickcremiger Kokosjoghurt

½ reife Mango, geschält und nach Belieben in Streifen oder 2 cm große Würfel geschnitten

2 Minzeblätter, in sehr feine Streifen geschnitten

Backt diese gesunden Frühstücksnester mit tropischen Aromen von Banane, Mango und Kokosjoghurt in einem Muffinblech. Sie eignen sich perfekt für den Start in den Tag oder auch als süßer Snack zwischendurch.

Den Backofen auf 180 °C (Umluft) vorheizen und sechs Vertiefungen eines Muffinblechs mithilfe eines Backpinsels einfetten.

In einer Schüssel die Banane mit einer Gabel nicht zu fein zerdrücken. Ahornsirup, Zimt und Haferflocken hinzufügen und alles sorgfältig vermischen.

Die Masse esslöffelweise so in die Vertiefungen des Blechs drücken, dass jeweils kleine Schälchen entstehen. Im Ofen 20–25 Minuten backen, bis sie an den Rändern goldgelb und knusprig sind.

Aus dem Ofen nehmen und abkühlen lassen. Dann mithilfe eines Löffels aus der Form lösen.

Jedes Haferflocken-Nest mit Kokosjoghurt füllen, anschließend Mangostückchen daraufgeben. Mit Minze bestreuen und mit 1 Prise Zimt bestäuben.

TIPP:

Ihr könnt am Morgen Zeit sparen, indem ihr die Haferflocken-Nester am Vortag zubereitet. Bewahrt sie in einem luftdicht verschlossenen Behälter auf und füllt sie zum Servieren einfach mit Joghurt und Mango.

Gebackene Erdbeer-Sandwiches mit Erdnussbutter

FÜR 2 PERSONEN

4 dicke Weißbrotscheiben

vegane Butter zum Bestreichen

1 gehäufter EL Erdnussbutter mit Crunch

2 TL Erdbeerkonfitüre

4 Erdbeeren, geputzt und in Scheiben geschnitten

Für diese leckeren Sandwiches müsst ihr weder Grillpfanne noch Sandwichmaker herauskramen: Legt sie einfach nur auf ein Backblech und backt sie ohne großen Aufwand im Ofen.

Den Backofen auf 200 °C (Umluft) vorheizen.

Brotscheiben auf eine saubere Arbeitsfläche legen und auf der Oberseite jeweils mit etwas Butter bestreichen.

Zwei Scheiben auf der Unterseite mit Erdnussbutter bestreichen, die anderen beiden mit Erdbeerkonfitüre.

Die Erdbeerscheiben auf der Erdnussbutter verteilen. Die anderen Brotscheiben jeweils mit der Konfitüreseite nach unten darauflegen, sodass die Butterseiten der Sandwiches nach außen zeigen.

Die Sandwiches auf ein Backblech legen und 5–6 Minuten backen. Dann wenden und nochmals so lange backen, bis sie goldbraun und heiß sind.

TIPP:

Für ein schnelles und sättigendes Frühstück die Sandwiches am Vorabend vorbereiten und am nächsten Morgen backen.

Milchreis aus dem Ofen

4 EL Zucker

1 EL Vanillepaste von guter Qualität

800 ml gesüßte Mandelmilch

1 Prise geriebene Muskatnuss

100 g Milchreis

2 EL Mandelblättchen

FÜR 4 PERSONEN

Wenn ihr traditionelle Desserts mögt, schmeckt euch ganz bestimmt auch dieser gebackene Milchreis mit seiner cremigen und reichhaltigen Sauce. Mit Konfitüre, etwas Demerara-Zucker oder (wie ich ihn besonders gern mag) mit 1 Löffel Orangenmarmelade servieren.

Den Backofen auf 150 °C (Umluft) vorheizen.

In einer Schüssel oder einem Rührbecher Zucker, Vanillepaste, Mandelmilch und geriebene Muskatnuss verquirlen.

Reis in eine Auflaufform oder einen Schmortopf geben, die Milchmischung hinzugießen und alles miteinander vermengen.

120 Minuten im Ofen backen. Zum Servieren mit Mandelblättchen bestreuen.

Bild auf der nächsten Seite

TIPP:

Nach 2 Stunden ist der Reispudding ganz durchgebacken, aber ihr könnt ihn auch etwas bissfester nach 1 ¾ Stunden genießen.

Milchreis aus
dem Ofen

Dattelbutter

10 Datteln, entsteint

2 EL vegane Butter

1 Prise geriebene
Muskatnuss

½ TL Vanilleextrakt von
guter Qualität

FÜR 4 PERSONEN

Datteln verleihen dieser Butter einen toffee-
artigen Karamellgeschmack und sind daher
hier die perfekte Zutat – rührt diese Butter in
Porridge, streicht sie auf süße Waffeln, vegane
Croissants oder einfach auf eine Scheibe Toast.
Zur Abwechslung könnt ihr sie mit Zimt anstatt
mit Muskatnuss würzen.

TIPP:

Ich mag diese Butter besonders gern, wenn sie
noch warm ist, aber kalt ist sie genauso köstlich. Luftdicht verschlossen, hält sie sich bis zu
5 Tage im Kühlschrank.

Den Backofen auf 160 °C (Umluft) vorheizen.

Datteln in eine Bratreine legen und mit etwas
Muskatnuss bestreuen. 10–12 Minuten im Ofen
backen, bis sie weich und heiß sind.

Die Datteln aus dem Ofen nehmen und in einen
Hochleistungsmixer oder eine Küchenmaschine
geben. Vegane Butter und Vanilleextrakt hinzufügen, dann glatt und cremig pürieren.

In ein sauberes Glas umfüllen und im Kühlschrank aufbewahren.

Orangen-Granita mit Schuss

200 ml Orangensaft
von guter Qualität

100 ml Aperol

100 ml Prosecco
(vegan)

Saft von ½ Zitrone

FÜR 4 PERSONEN

Für diesen Aperitif kommt die Backform in das Gefrierfach. Dieses von der italienischen Küche inspirierte Dessert ist eine perfekte Alternative zum klassischen Aperol-Spritz, vor allem an einem heißen Sommertag.

Orangensaft, Aperol, Prosecco und Zitronensaft in einem Rührbecher verquirlen. Dann in eine Backform gießen (ich nehme dafür gerne eine Kastenform) und für 1 Stunde ins Gefrierfach stellen.

Dann mithilfe einer Gabel das Eis zerstoßen und die Form erneut 1 Stunde einfrieren.

Danach die Granita noch einmal mit der Gabel durchrühren und die Eiskristalle aufbrechen. Für weitere 30 Minuten einfrieren.

Anschließend nochmals mit der Gabel umrühren, bis die Granita vollständig aus Eiskristallen besteht. Sofort servieren.

Bild auf der nächsten Seite

TIPP:

Für einen besonderen Drink für Erwachsene Aperol und Prosecco zu gleichen Teilen mit 1 Schuss Mineralwasser in ein hohes Glas gießen und 1 Löffel Granita hinzufügen.

Orangen-
Granita mit
Schuss

Mandel-Kirsch-Crumble

FÜR 4 PERSONEN

400 g Kirschen ohne Stein (frisch oder TK; gefrorene Kirschen aufgetaut)

Saft von ½ Zitrone

2 EL Ahornsirup

100 g Mehl

50 g Haferflocken

50 g Demerara-Zucker (alternativ brauner Rohrzucker)

2 EL vegane Butter

1 EL Mandelblättchen

Gebackene, saftige Kirschen mit einer Streuselkruste aus Mandeln und Haferflocken – köstlicher kann ein Dessert kaum sein. Nach Belieben könnt ihr zusätzlich noch dunkle Schokolade unter die Kirschen reiben. Serviert den Crumble mit veganem Vanilleeis.

Den Backofen auf 200 °C (Umluft) vorheizen.

Kirschen in eine Auflaufform geben und mit Zitronensaft und Ahornsirup beträufeln.

Mehl, Haferflocken und Zucker in eine Schüssel geben und mit den Fingerspitzen Butter untermischen, bis Teigkrümel entstehen. Diese gleichmäßig auf einem Backblech verteilen und mit Mandelblättchen bestreuen.

Kirschen und Streusel zusammen 12–15 Minuten im Ofen backen, bis das Obst Blasen wirft und die Streusel goldbraun sind.

Aus dem Ofen nehmen und die Streusel zum Servieren auf den Kirschen verteilen.

TIPP:

Ich backe die Streusel gerne separat auf einem Backblech und streue sie erst zum Servieren über das Obst, damit sie so knusprig wie möglich bleiben. Aber ihr könnt sie nach Belieben auch gleich auf die Früchte geben und alles in einer Form backen.

Rustikale Brombeer-Pfirsich-Tarte

150 g Brombeeren

4 große Pfirsiche, entsteint und in Scheiben geschnitten

1 TL Vanilleextrakt von guter Qualität

1 TL feinster Zucker

1 Rolle Fertig-Blätterteig (aus dem Kühlregal; milchfrei)

1 Handvoll kleine Minzeblätter

Puderzucker zum Bestäuben

FÜR 4 PERSONEN

Dies ist ein köstliches Dessert für den Spätsommer oder Herbstanfang, denn hier schmeckt man den Wechsel der Jahreszeiten. Gebt das Obst erst kurz vor dem Servieren auf die Tarte, damit der Boden nicht durchweicht. Serviert sie nach Belieben mit etwas Sojasahne.

Den Backofen auf 200 °C (Umluft) vorheizen.

Brombeeren, Pfirsichscheiben, Vanilleextrakt und Zucker in eine Auflaufform geben. Mit 2 TL Wasser beträufeln.

Blätterteig auf einem Backblech ausrollen und die Kanten etwa 1 cm einschlagen, damit ein Rand entsteht. Den Teigboden mit einer Gabel mehrmals einstechen.

Die Früchte und den Teig 12–15 Minuten im Ofen backen, bis das Obst Blasen wirft und der Blätterteig goldgelb ist. Wenn er sich in der Mitte wölbt, nach dem Backen vorsichtig mit einer Gabel nach unten drücken.

Aus dem Ofen nehmen und das heiße Obst gleichmäßig auf dem Teigboden verteilen. Zum Servieren mit Minzeblättern bestreuen und mit etwas Puderzucker bestäuben.

TIPP:

Küchenfertiger Blätterteig ist oft zufällig vegan, weil dafür meist Pflanzenöl statt Butter verwendet wird. Aber prüft vor dem Kauf immer noch einmal die Zutatenliste.

Gebackene Ananas

mit Kokos-Rum-Creme

FÜR 4 PERSONEN

2 EL vegane Butter

1 TL Light Brown Soft Sugar (aus dem Asialaden) oder Vollrohrzucker

1 Prise Chiliflocken

1 reife Ananas, geschält, aber mit Blattschopf (siehe Tipp)

4 EL gekühlter dickcremiger Kokosjoghurt oder Kokossahne

2 TL Rum

Zesten und Saft von ½ unbehandelten Limette

Süß, fruchtig und mit Rum-Joghurt serviert – kann es ein besseres Dessert geben? Es eignet sich prima für sommerliche Gartenfeste, ist aber auch im Alltag fabelhaft. Nehmt dafür dickcremigen, ungesüßten Kokosjoghurt oder stellt eine Dose Kokosmilch kühl und schöpft die fette Sahne davon ab.

Den Backofen auf 180 °C (Umluft) vorheizen.

Butter, Zucker und Chiliflocken in einer Schale miteinander verrühren.

Die ganze Ananas in eine Auflaufform legen und die Buttermischung in kleinen Flöckchen darauf verteilen. 30 Minuten im Ofen backen, dabei nach 15 Minuten die Ananas wenden und mit der geschmolzenen Butter aus der Form bestreichen.

Joghurt und Rum verquirlen.

Die Ananas aus dem Ofen nehmen und mit Limettensaft beträufeln sowie den Zesten bestreuen. Mit Rum-Joghurt servieren.

TIPP:

Um die Ananas zu schälen, zunächst die Unterseite glatt abschneiden, dann die Frucht aufrecht stellen und mit einem scharfen Messer die Schale von oben nach unten wegschneiden, dabei der Ananasform folgen. Beim Servieren sieht es hübsch aus, wenn die grünen Blätter oben dranbleiben!

Zitronen-
Mohn-Schnitten

ERGIBT 9 SCHNITTEN

- ZUM EINFRIEREN GEEIGNET
  (OHNE GLASUR)

250 g Mehl

4 TL Backpulver

100 g feinster Zucker

1 TL Mohnsamen, plus
mehr zum Bestreuen

250 ml gesüßter
Sojadrink

100 ml
Sonnenblumenöl

1 TL Vanilleextrakt von
guter Qualität

Abrieb und Saft von
½ unbehandelten
Zitrone

Für die Glasur

Zesten und 3 EL Saft
von 1 unbehandelten
Zitrone

150 g Puderzucker

**Diese Zitronenschnitten aus lockerem Biskuit
mit süßer Glasur sind perfekt für Picknicks und
die Lunchbox. Der vegane Biskuit wird luftig
und leicht, wenn man den Teig nicht zu viel
rührt. Fügt deswegen die Milchmischung von
Hand hinzu.**

Den Backofen auf 180 °C (Umluft) vorheizen
und eine flache Bratreine oder eckige Spring-
form mit Backpapier auslegen.

In einer großen Schüssel Mehl mit Backpulver
mischen. Zucker und Mohnsamen hinzufügen.
In einem Rührbecher Sojadrink, Öl, Vanilleextrakt sowie Zitronenabrieb und -saft verquirlen.
Alles vorsichtig unter die Mehlmischung ziehen,
dabei nicht zu lange rühren.

Den Teig in die Form gießen und 20–25 Minuten
backen, bis er hellgolden und aufgegangen ist.

Währenddessen für die Glasur in einer kleinen
Schale Zitronensaft mit Puderzucker glatt rühren. Beiseitestellen.

Den Kuchen aus dem Ofen nehmen und ein
paar Minuten abkühlen lassen, dann auf ein
Kuchengitter stürzen. Nach dem Erkalten mit
der Glasur beträufeln und mit ein paar Mohnsamen sowie Zitronenzesten bestreuen. In
gleich große Quadrate schneiden.

TIPP:

In einem luftdicht verschlossenen Behälter
halten sich die Schnitten an einem kühlen und
trockenen Ort bis zu 3 Tage.

Apple-Pie-Müsliriegel

ERGIBT 9 STÜCK

4 EL Sonnenblumenöl

4 gute EL Golden Syrup (online erhältlich; alternativ Reissirup oder Agavendicksaft)

½ TL Zimtpulver

½ TL geriebene Muskatnuss

150 g kernige Haferflocken

1 Apfel, gerieben und überschüssiger Saft ausgedrückt

1 EL Sultaninen

1 EL grob gehackte Pekannusskerne

Hier werden die köstlichen Aromen von Apple-Pie mit denen von Nussriegeln kombiniert. Die Riegel werden beim Abkühlen fester, lasst sie daher erst Raumtemperatur annehmen, bevor ihr sie schneidet und genießt.

Den Backofen auf 200 °C (Umluft) vorheizen. Eine kleine, eckige Auflaufform mit Backpapier auslegen.

In einer großen Schüssel Öl, Sirup, Zimt und Muskat sorgfältig miteinander verrühren.

Haferflocken, geriebenen Apfel, Sultaninen und Pekannusskerne sorgfältig untermengen.

Die Mischung in der Form verteilen und mit einem Löffelrücken glatt streichen. Im Ofen 12 Minuten backen, bis die Oberfläche goldbraun ist. Herausnehmen, in der Form abkühlen lassen, danach in Riegel schneiden.

TIPP:

Egal, ob rechteckig oder quadratisch zugeschnitten, diese Riegel schmecken wunderbar als Snack. Für ein üppiges Dessert könnt ihr sie aber auch zerkrümeln und über veganes Vanilleeis streuen.

Register

Danke

Vegan aus dem Ofen gehörte zu meinen liebsten Lockdown-Projekten, das Ausprobieren der Rezepte in meiner eigenen Küche (in den heißen Sommermonaten!) und das Fotoshooting – wenn auch aus der Ferne über Zoom – inbegriffen. Wie immer erfordert die Erstellung eines wunderbaren Buches ein Team von fleißigen und engagierten Menschen – ein besseres Team hätte ich mir nicht vorstellen können.

Als Erstes möchte ich der Redaktion von Quadrille danken. Vielen Dank an die Verlagsleiterin Sarah Lavelle, die an diese Idee geglaubt und mir in den letzten fünf Jahren unglaublich viele Möglichkeiten gegeben hat. Großer Dank auch an die Lektorin Harriet Webster für die unkomplizierte Zusammenarbeit, ihren Blick für das Detail und ihren Sinn für Humor. Ich kann es kaum erwarten, euch beide wiederzusehen! Vielen Dank an Clare Sayer für ihre Unterstützung und die Manuskriptbearbeitung. Es ist ein Privileg, mit euch allen zusammenarbeiten zu können.

Vielen Dank an die Designerin Emily Lapworth und ihr Team für die künstlerische Umsetzung. Wie immer habt ihr einen Blick für das Frische und Moderne, wodurch dieses Buch wunderschön geworden ist.

Größten Dank an den Fotografen Luke Albert, die Food-Stylistin Tamara Vos und ihre Assistenten sowie die Requisiten-Stylistin Louie Waller für das coronakonforme Shooting aus der Ferne im Studio Boardroom. Es war großartig, über Zoom dabei gewesen zu sein, und ich kann es kaum erwarten, euch alle beim nächsten Mal wieder persönlich zu sehen! Die Fotos sind fantastisch, danke.

Herzlichen Dank an die Presseleiterin Rebecca Smedley für ihre unermüdliche Arbeit mit den Buchkampagnen – ich kann es kaum erwarten, mich wieder mit dir auf den Weg zu machen! Danke an die Marketingleiterin Laura Eldridge für ihre Expertise und die Buchwerbung.

Ein großes Dankeschön geht wie immer an meine wundervolle Literaturagentin Victoria Hobbs und das Team von A.M. Heath. Ohne euch wäre dies alles nicht möglich und ich bin dankbar, dass ihr mir mit eurer Erfahrung und eurem ehrlichen Rat zur Seite steht.

Großen Dank an meine wundervollen Freunde Mary-Anne, Emma, Charlotte, Louise, Amelia, Amy, Katie, Neil und Robert. Während des Lockdowns wart ihr alle wunderbar, vor allem, weil ihr darauf geachtet habt, dass ich Pausen einlege, wenn ich es einmal vergessen hatte. Ich schulde euch allen einen Kaffee oder einen Wein!

Danke an meine liebe und mich immer unterstützende Familie: Mum, Dad, Carolyne und Mark. Vielen Dank für eure Ermunterung und euer Wohlwollen, ich hoffe, dass euch dieses Buch gefällt. Danke an meine wundervollen Zwillingsnichten Tamzin und Tara, die mich mit Inspiration und Glück erfüllen. Ich hoffe, eure eigenen Kreationen bestaunen zu können, jetzt, da ihr so erfahrene und gute junge Köchinnen seid. Und ein Dankeschön an meine liebe Tante May für ihre lieben Worte und ihre Unterstützung während der ganzen Arbeit.

In Erinnerung an Dudley, das adoptierte Hauskaninchen, das in den letzten sieben Jahren mein bester Schreibpartner und Begleiter war. Ich vermisse dich sehr und werde dich immer lieben.

Publishing Director
Sarah Lavelle

Junior Commissioning Editor
Harriet Webster

Copy Editor
Clare Sayer

Art Direction & Design
Emily Lapworth

Photographer
Luke Albert

Food Stylist
Tamara Vos

Prop Stylist
Louie Waller

Make-up Artist
Dani Hooker

Head of Production
Stephen Lang

Production Controller
Sabina Atchia

Titel der Originalausgabe:
Vegan Roasting Pan

First published in 2020 by Quadrille,
an imprint of Hardie Grant Publishing

Quadrille
52–54 Southwark Street
London SE1 1UN
quadrille.com

Text © Katy Beskow 2021
Photography © Luke Albert 2021
Design and layout © Quadrille 2021

Deutsche Erstausgabe

1. Auflage 2022
© ars vivendi verlag GmbH & Co. KG
Bauhof 1, 90556 Cadolzburg
Alle Rechte vorbehalten

MIX
Paper from
responsible sources
FSC™ C020056

Deutsche Übersetzung:
Dr. Katrin Korch
Lektorat: Julia Christ
Einband und Satz: Sandra Frick,
ars vivendi

Printed in China
ISBN 978-3-7472-0409-2